少林秘传绝技丛书（二）

少林古传养生功

邓方华　编著

人民体育出版社

图书在版编目(CIP)数据

少林古传养生功 / 邓方华编著. —北京：人民体育出版社，2020
(少林秘传绝技丛书. 二)
ISBN 978-7-5009-5673-0

Ⅰ.①少… Ⅱ.①邓… Ⅲ. ①少林武术–养生（中医）
Ⅳ.①G852②R212

中国版本图书馆 CIP 数据核字（2019）第 229806 号

*
人民体育出版社出版发行
三河兴达印务有限公司印刷
新 华 书 店 经 销
*
880×1230 32 开本 6.75印张 161 千字
2020年11月第1版 2020年11月第1次印刷
印数：1—3,000 册
*
ISBN 978-7-5009-5673-0
定价：30.00 元

社址：北京市东城区体育馆路 8 号（天坛公园东门）
电话：67151482（发行部） 邮编：100061
传真：67151483 邮购：67118491
网址：www.sportspublish.cn
（购买本社图书，如遇有缺损页可与邮购部联系）

丛书插图制作

（排名不分先后）

邓方华	高　翔	凌　召
潘祝超	谢静超	赵爱民
黄守献	王松峰	李贡群
高　绅	黄冠杰	黄婷婷

总 序

2017年1月25日，中共中央办公厅、国务院办公厅印发了《关于实施中华优秀传统文化传承发展工程的意见》（以下简称《意见》），并发出通知，要求各地区各部门结合实际认真贯彻落实，体现了党和政府对中华优秀传统文化的重视。

在国民教育方面，《意见》提出：加强中华优秀传统文化相关学科建设，重视保护和发展具有重要文化价值和传承意义的“绝学”、冷门学科。在保护传承文化遗产方面，《意见》提出：推动民族传统体育项目的整理研究和保护传承。

中华武术有着几千年发展的历史，是中华民族在社会实践中创造的宝贵财富，是中华文化的重要组成部分。少林武术作为中华传统武术的优秀代表，其秘传绝技与武学秘籍一直是武术爱好者竞相学习和研究的对象。目前在国家的重视下，少林武术发展形势良好，但也存在可供学习的少林武术书籍相对较少的问题，因此，需要对少林武术的相关技艺进行整理出版，使中华武术进一步发扬光大。

《少林秘传绝技丛书》应运而生。本系列依据“健康第一”的教育理念和“便于传承与发展”的要求，邀请有关专家参与编写，披露了少林武术的多种秘法绝艺。先期出版的有《少林点穴绝技》《少林擒拿绝技》《少林擒跌绝技》《少林短打绝技》《少林腿法绝技》《少林古传擒拿与点穴》《少林古传技击术》《少林八段锦古传秘功》《少林易筋经古传秘功》等12本，本书为第二辑系列之一。这套丛书既可作为武术爱好者学习研究的参考用书，也可作为各级各类武术教员的教学用书。

本系列丛书注重图文并茂，避免抽象化和纯理论化，意在提高现代武术爱好者的学习兴趣；立足于理论联系实际，突出学以致用要则；力求简洁明晰，便于阅读，便于练习。当然，不足之处在所难免，欢迎读者批评指正，以利今后进一步充实与完善。

内容提要

1. 梁时，达摩师由北南来，居于少林，每一说法入座，徒众即有昏钝不振者，乃示一练习法，其前、后、左、右共十八手，名之为“十八罗汉手”。

2. 治脏者，即调治内脏，而外邪无从侵入，然后练功，则神完气足，成功较易，收效较速。治脏之诀，只有六字，即嘘、嘶、呵、呼、吹、嘻，可去腑脏百病。

3. 西竺达摩易筋经，导引吐纳，熊经鸱顾，引接腰体，动诸关节，以求难老，能令筋力易换，转衰为壮、转弱为强，使延年益寿。

4. 四段功，七十二艺软硬功夫之基本练习，各种动作宜缓而用力，勿急进功，勿求速效。功成后，不特强壮体魄，抑且为习拳练功习技之基础。

5. 梁红玉细究“岳飞八段锦”之理，其中有数节不合女子者，乃略变其法，而自成一家，以所传部诸女兵，即“梁夫人八段锦”。

6. 坐势十二段锦，乃少林经典养生功，汲取禅法精髓，练法独特，内外兼修。练之可强心安神，培元益气，舒筋活血，防疾祛病。

7．揉摩操腹，乃佛家秘功，以动化静，以静运动，故能通和上下，分理阴阳，去旧生新，充实五脏，驱外感之诸邪，消内生之百症。

8．打坐者，从静中以求自然之机。练习内功者，必先从坐忘入手，尽求其静，复于静中求动，是为真动，强身健魄，行气如虹。

9. 宋岳武穆幼年体弱多病，汤阴大佛寺方丈慈慧禅师授其“意气功”，从此体健病消。斯术诚能终身行之，气调血养，百病消除，自必益寿延年。

10. 分行外功各诀，随人何处有患，即择何诀行之；或预防无患之先，亦随人择取。

11. 柔骨功，为软功内壮，属内壮之主功，可使周身骨节柔软，身体轻灵，免除生硬牵掣之病。

12. 吞气功，其法实有裨于养生，行之不辍，即可祛病延年。若遇疲乏时，一行功，精神即时爽健。

目 录

第一章 达摩强身十八手 / 2

一、入手内功 / 6
二、朝天直举 / 7
三、排山运掌 / 8
四、黑虎伸腰 / 9
五、雁翼舒展 / 12
六、揖肘钩胸 / 13
七、挽弓开膈 / 14
八、金豹露爪 / 15
九、腿力跌荡 / 16

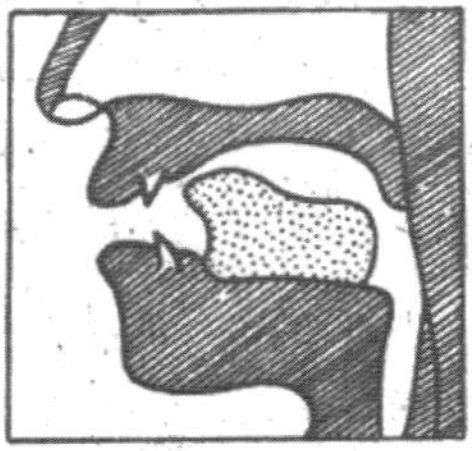

第二章　六字行功治脏法 / 20

一、行功与治脏之关系 / 22

二、行功秘诀 / 22

三、行功十要、十忌、十八伤 / 27

第三章　西竺达摩易筋经 / 30

一、西竺达摩易筋经第一套 / 32

二、西竺达摩易筋经第二套 / 44

三、西竺达摩易筋经第三套 / 49

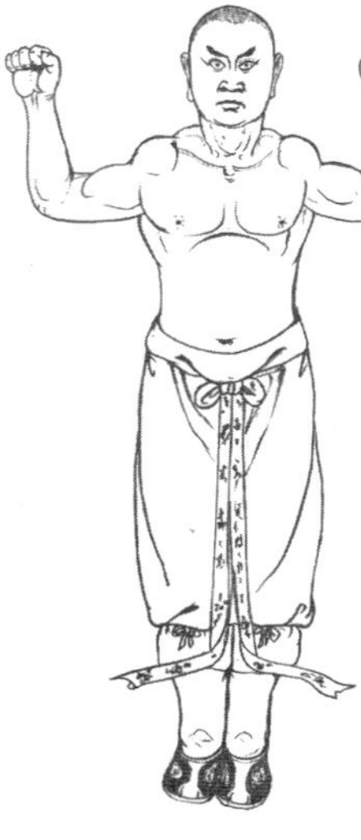

第四章 少林四段功 / 54

一、托天提地理三焦 / 57
二、五劳七伤望后瞧 / 58
三、推窗望月去心火 / 59
四、抓空打空力不劳 / 60

第五章 梁夫人女子八段锦 / 62

一、提托循环内郁消 / 64
二、开弓势如射大雕 / 69
三、欲理脾胃双推手 / 72
四、劳伤转体拳上举 / 76
五、攒拳怒目增臂力 / 79
六、摆尾摇头心气平 / 81
七、保肾实腰双分腿 / 83
八、马上七颠保康宁 / 87

第六章　坐势十二段锦 / 90

一、握固静思神 / 92
二、叩齿抱昆仑 / 94
三、左右鸣天鼓 / 95
四、微摆撼天柱 / 96
五、搅海漱咽津 / 98
六、闭气摩精门 / 99
七、想火烧脐轮 / 100

八、左右辘轳转 / 101
九、叉手双虚托 / 103
十、低头攀足频 / 104
十一、神水九次吞 / 106
十二、想发火烧身 / 107

第七章 佛家揉腹功 / 108

一、三才安心 / 110
二、游走中原 / 111
三、逆运两厢 / 112
四、分走裆心 / 113
五、中原直通 / 114
六、右绕脐轮 / 115
七、左绕脐轮 / 116

八、左厢下推 / 117
九、右厢下推 / 118
十、胁肋两边 / 119
十一、 胸行周遍 / 120
十二、盘膝摇身 / 121

第八章　内功打坐法 / 122

一、内功与打坐之关系 / 124
二、打坐之法则 / 125

第九章　少林意气功 / 130

一、修养体健之发端 / 132
二、练习意气之课程 / 132
三、预消疾病之功效 / 134
四、意气功歌诀 / 144

第十章　分行外功诀 / 146

一、心功 / 148
二、身功 / 149
三、首功 / 149
四、面功 / 149
五、耳功 / 150
六、目功 / 150
七、口功 / 151
八、舌功 / 151
九、齿功 / 151
十、鼻功 / 152
十一、手功 / 152
十二、脚功 / 153
十三、肩功 / 153
十四、背功 / 154
十五、腹功 / 154
十六、腰功 / 154
十七、肾功 / 155

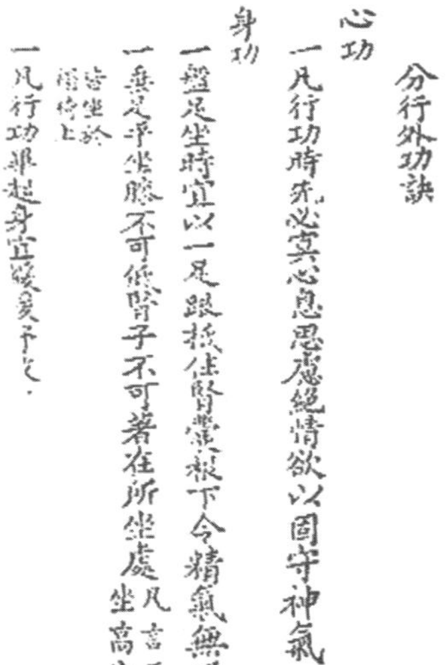
分行外功訣

心功

一凡行功時先必冥心息思慮絕情欲以固守神氣

身功

一盤足坐時宜以一足跟抵住腎囊根下令精氣無漏

一垂足平坐膝不可低腎子不可著在所坐處凡言平坐高坐皆坐於椅榻上

一凡行功畢起身宜緩緩舒之

第十一章　少林柔骨功 / 156

一、腿功 / 159
二、腰功 / 162

第十二章　吞气养生入门功 / 166

一、平和架 / 168
二、武功头 / 176
三、伏膝势 / 183
四、海底捞月 / 185
五、站消势 / 190

第一章

达摩强身十八手

达摩强身十八手，又名“十八罗汉手”，传自梁时之达摩禅师。

达摩师由北南来时，居于少林，见徒从日众，类皆精神萎靡，筋肉衰惫，每一说法入座，则徒众即有昏钝不振者。于是，达摩师乃训示徒众曰："佛法虽外乎躯壳，然不了解此性，终不能先令灵魂与躯壳相离，是欲见性，必先强身，盖躯壳强而后灵魂易悟也。果皆如诸生之志靡神昏，一入蒲团，睡魔即侵，则明性之功，俟诸何日？吾今为诸生先立一强身术，每日晨光熹微同起而习之，必当日进而有功也。"（图1–1）

图1–1

乃为徒众示一练习法，其前、后、左、右，共不过十八手而已。（图1–2）

图1–2

一、入手内功

先排步直立，呼浊吸清，挣腰鼓肘（此乃足肘），凝神听气，正体努目。此为入手之内功。（图1–3）

图1–3

二、朝天直举

即以手朝上伸举，气贯三焦。左上则右下，掌心相印，名为朝天踏地。此为二手。（图1–4 ~ 图1–6）

图1–4

图1–5

图1–6

三、排山运掌

上势演毕，即将足排开（一尺余距离），用柳叶掌向前推排，左、右、前、后，次第推运。仍须力贯掌心，气发丹田，有如猛虎推山之势。此为四手。（图1–7～图1–11）

图1–7

图1–8

图1–9

图1-10

图1-11

四、黑虎伸腰

前势毕，收足正立，再开短马，两手仍作掌势。左右分推，由短马变为高马（先低后高），必须以腰用力，两掌齐出，且伸满时两掌心与后足心更须相印。如是左右前后，起落伸推，久则腰膝坚强，收功甚速。此为四手。（图1-12～图1-20）

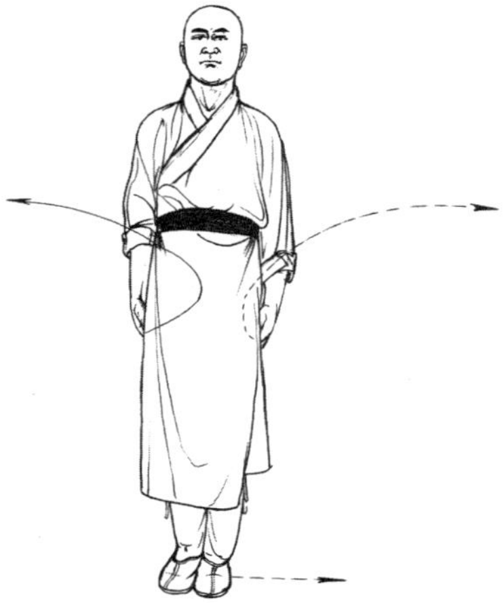

图1-12

图1-13

图1-14

图1-15

图1-16

图1-17

图1-18

图1-19

图1-20

五、雁翼舒展

伸推毕，收马排足，略事休息。于是再吸气一口，下贯丹田。用手紧贴腿部，运腋力由下渐起，以平肩为度，如舒雁翼。且两手起落时，足跟随起，落则随落，腰须硬实，足尖得力。两手起时，隐觉气贯胸开，肱涨指热，方为得益。此为一手。（图1–21 ~ 图1–23）

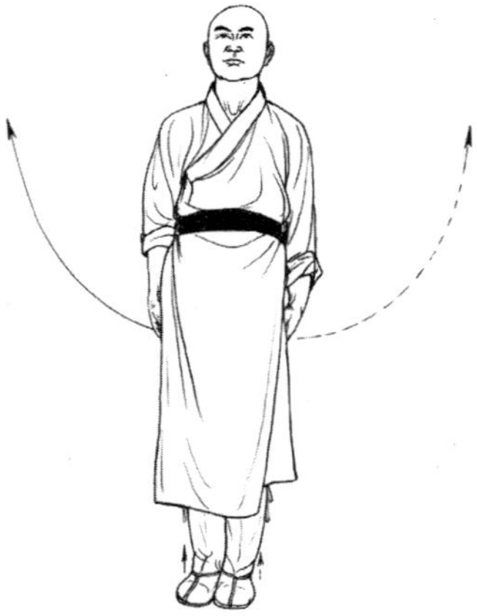
图1–21

图1–22

图1–23

六、揖肘钩胸

此手先排正两足，再以右足或左足踏进一步，以阳掌平排揖下，至膝为止（先屈掌，而至膝则变为平掌）。收转时以掌渐次作钩屈势，紧贴至胸，腰稍向后翻，使气注丹田，力鼓两肘拐。但揖下时，身须低伏，后足跟不可离地。此为一手。（图1-24～图1-29）

图1-24

图1-25

图1-26

图1-27

图1-28

图1-29

七、挽弓开膈

此与世俗所传之八段锦中“左右开弓如射雕”正复相类。其不同者，在此系短马，而彼系正立，其效遂相去甚远。如练习时，可依骑乘射球之势，腰须后翻，一字地盆，即为合法。此为一手。（图1-30、图1-31）

图1-30

图1-31

八、金豹露爪

上均掌势，此乃变为豹拳势也（豹拳势，指之前中二指做勾勒形，大节与掌背平齐，拇指亦作屈形紧贴掌边）。（图1-32）

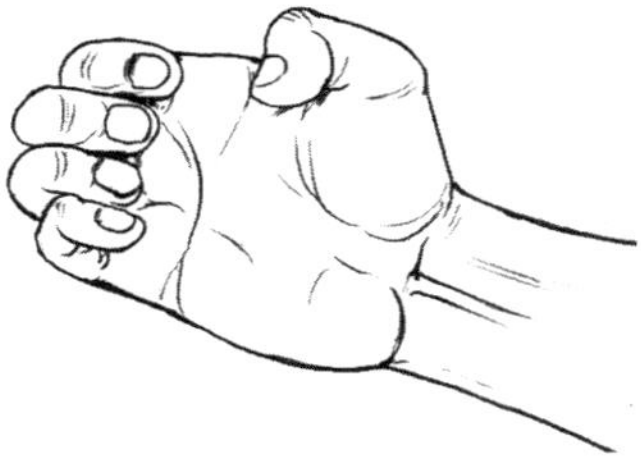
图1-32

图1-33

图1-34

练时如左手拦护，则用右手做豹爪拳，尽力冲出。两手循环练习，必须开声吐气（气吐出之时，必须与拳力相应）。两足仍做半马，用力与前无异（即两腋力是也）。此为一手。（图1-33～图1-36）

图1-35

图1-36

九、腿力跌荡

前皆用手，此乃用足。其法有四：

1. 足尖直踢

此踢足须稍低，高则无力而有病。（图1-37～图1-39）

图1-37

图1-38

图1–39

2. 横腿扫击

此出横腿，其势如扫，身须取侧，收腿宜速而稳。（图1–40、图1–41）

图1–40

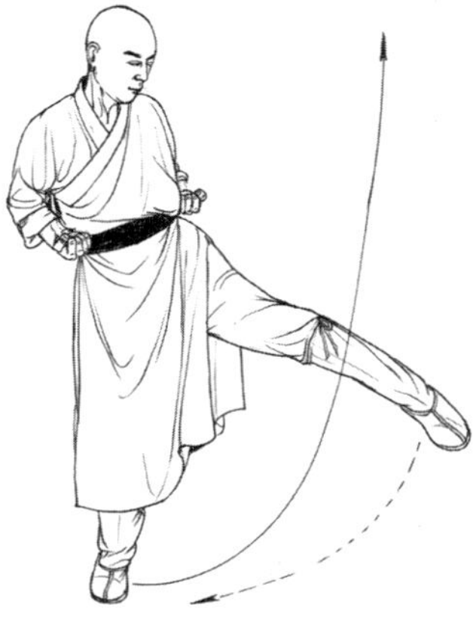

图1–41

3. 长腿高举

此腿法颇不可轻率施用，因此举起甚高，身法之空虚，实在甚虞，若遇名家，易为人制。须练习精到，出落如风，始可免意外也。演时左右前后习之，必须力贯足尖为要。（图1–42、图1–43）

图1–42

图1–43

4. 钩腿盘旋

此法脚尖由外向内钩盘，练时两足如划大圆圈，身法仍似半马为宜。（图1–44）

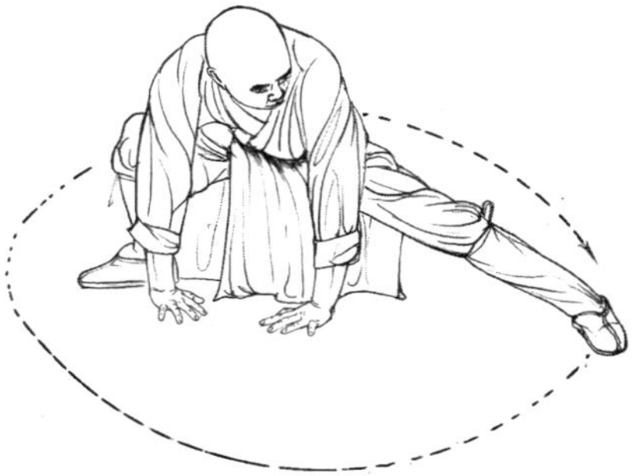

图1–44

以上亦四法，合之以前成十八法，名之为“十八罗汉手”，此达摩师之开宗手也。

第二章

六字行功治脏法

六字者何？即嘘、嘶、呵、呼、吹、嘻是也。

一、行功与治脏之关系

凡练习武术者，不论外功、内功，须以凝神、固气为主。欲凝神固气，又未排除一切思虑、祛除一切疾病不为功。

治脏者，即调治内脏，使之整洁，而外邪无从侵入。然后，更练习功夫，则神完气足，成功较易，收效较速。否则，内疾不除，外邪易入，纵使日习不辍，非但不能望其有成，甚或受其戕害。故世人往往言习打坐者易成白痴，习吐纳者易成痨疾，此皆未能先行调治内脏，不得其道，致外邪侵入、内疾增盛，而成种种奇病，终致不可救药也。

治脏之诀，只有六字，即嘘、嘶、呵、呼、吹、嘻是也。每日静坐，叩齿咽津，念此六字，可以去腑脏百病。唯念时宜轻，耳不闻声最妙，又须一气直下，不可间断，其效如神。

二、行功秘诀

（一）六字行功歌

肝用嘘时目睁睛，肺宜嘶处手双擎。
心呵顶上连叉手，肾吹抱取膝头平。
脾病呼时须嘬口，三焦有热卧嘻宁。

（二）应时候歌

春嘘明目木扶肝，夏日呵心火自闲。
秋嘶定收金肺润，冬吹水旺坎宫安。
三焦长官嘻除热，四季呼脾上化餐。
切忌出声闻两耳，其功真胜保神丹。

（三）赞功歌

1. 嘘

嘘属肝兮外主目，赤翳昏蒙泪如哭。
只因肝火上来攻，嘘而治之效最速。（图2–1）

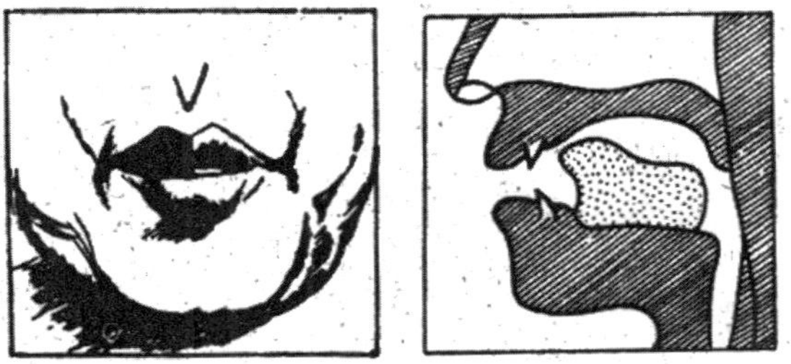

图2–1

2. 呵

呵属心兮外主舌，口中干苦心烦热。
量疾深浅以呵之，喉结舌疮皆消减。（图2-2）

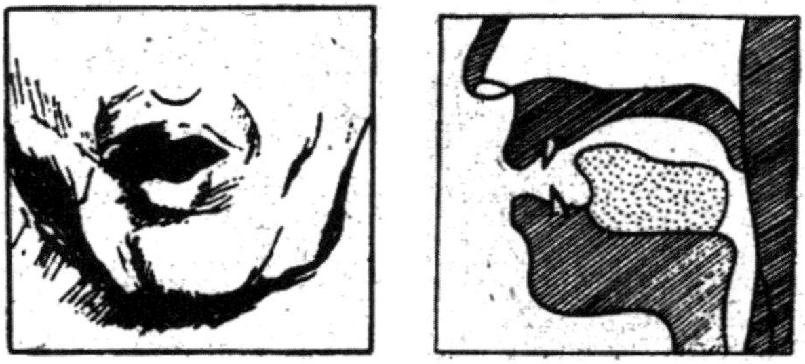

图2-2

3. 嘶

嘶属肺兮外皮毛，伤风咳嗽痰如胶。
鼻中流涕兼寒热，以嘶治之医不劳。（图2-3）

图2-3

4. 吹

吹属肾兮外主耳，腰酸膝痛阳道痿。
微微吐气以吹之，不用求方与药理。（图2–4）

图2–4

5. 呼

呼属脾兮主中土，胸膛腹胀气如鼓。
四肢滞闷肠泻多，呼而治之复如故。（图2–5）

图2–5

6. 嘻

嘻属三焦治壅塞，三焦通畅除积热。
但须一字以嘘之，此效常行容易得。（图2–6）

图2–6

观乎上列之歌，则治脏之功实巨。即不欲练习武功者，依法行之，亦可以祛病强身。而练习内功之人，对于内脏之调理，尤须格外注意。因内腑调和，则神完气足，利于行功；若内腑失调，则神气涣散，外邪容易侵入而成内疾，于行功上发生极大障碍，甚或成为各种奇病，而致不能救治。故举此法以便学习内功者，于入手之初，先行此法而理其内脏，以免除一切障碍也。

迨内脏既完固之后，再依法行功，始可有效。行功之时，以子、午各行一次为佳，以子过阳生，午过阴生，合阴、阳二气而融会之，则成先天之象，神思宁静，机械不作，一切杂念，无由而生，浑然一气，成功自易。

三、行功十要、十忌、十八伤

（一）十要

凡行功十要、十忌、十八伤等，皆为治脏法中之最要练习内功者，务须牢记在心，处处留意。

1. 面要常擦。
2. 目要常揩。
3. 耳要常弹。
4. 齿要常叩。
5. 背要常暖。
6. 胸要常护。
7. 腹要常摩。
8. 足要常搓。
9. 津要常咽。
10. 腰要常揉。

（二）十忌

1. 忌早起科头。
2. 忌阴室贪凉。

3. 忌湿地久坐。
4. 忌冷着汗水。
5. 忌热着晒衣。
6. 忌汗出扇风。
7. 忌灯烛照睡。
8. 忌子时房事。
9. 忌凉水着肌。
10. 忌热火灼肤。

（三）十八伤

1. 久视伤精。
2. 久听伤神。
3. 久卧伤气。
4. 久坐伤脉。
5. 久立伤骨。
6. 久行伤筋。
7. 暴怒伤肝。
8. 思虑伤脾。
9. 极忧伤心。
10. 过悲伤肺。
11. 至饱伤胃。
12. 多恐伤肾。

13. 多笑伤腰。
14. 多言伤液。
15. 多睡伤津。
16. 多汗伤阳。
17. 多泪伤血。
18. 多交伤髓。

第三章

西竺达摩易筋经

葱岭为山脉之起源，蜿蜒迤逦，乃向东分驰。故钟毓之秀，圣贤豪杰，多发于中土。其西南支脉，为喜马拉雅山。是山，世界之高山也，介乎西藏、印度之间。印度者，乃佛教之所由起也。

考，后魏孝明帝太和年间，西竺达摩禅师航海东来，住锡于少林寺。其后，寺僧于破壁间，搜其遗书，淂《易筋经》。

易筋经者，导引吐纳、熊经鸱顾，引接腰体、动诸关节，以求难老，能令筋力易换，转衰为壮、转弱为强，使延年益寿也！

一、西竺达摩易筋经第一套

1. 第一势

【练法】

面向东立，首微上仰，目微上视；两足与肩宽窄相齐，脚站平，不可前后参差；两肩垂下，肘微屈，两掌朝下，十指尖朝前。

点数七七四十九字，十指尖想往上翘，两掌想往下按，数四十九字，即四十九翘按也。（图3–1）

图3–1

2. 第二势

【练法】

接前势。

数四十九字毕，即将八指叠为拳，拳背朝前，两大指伸开不叠拳上，两大指翘起，朝身，不贴身，肘微屈。

每数一字，拳加一紧，大拇指翘一翘，数四十九字，即四十九紧四十九翘也。（图3-2）

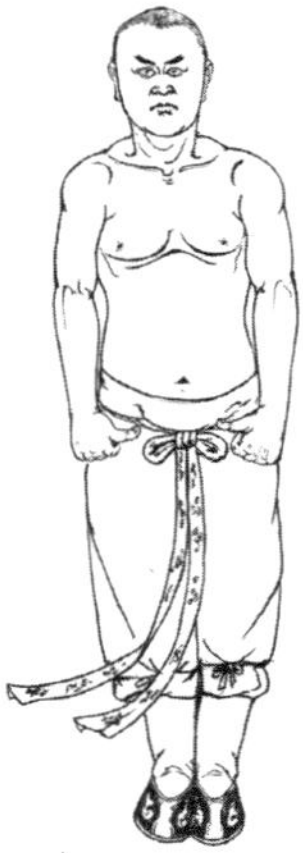

图3-2

3. 第三势

【练法】

接前势。

数四十九字毕，将大指叠在中指中节上为拳，趁势往下一拧，肘之微屈者至此伸矣，虎口朝前。

数四十九字，每数一字，拳加一紧，即四十九紧也。（图3-3）

图3-3

4. 第四势

【练法】

接前势。

数四十九字毕，将两臂平抬起伸向前，两拳相离尺许，虎口朝上，拳与肩平，肘微屈。

数四十九字，拳加四十九紧。（图3-4）

图3-4

5. 第五势

【练法】

接前势。

数四十九字毕，将两臂直竖起，两拳相对，虎口朝后，头微仰。两拳不可贴身，亦不可离远。

数四十九字，每数一字，拳加一紧。（图3-5）

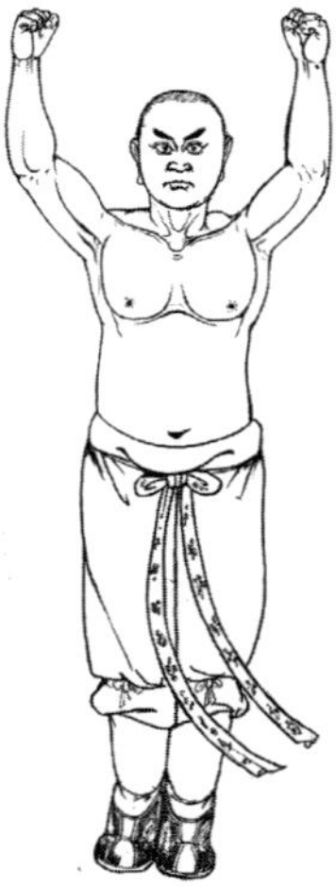

图3-5

6. 第六势

【练法】

接前势。

数四十九字毕，两拳下对两耳，离耳寸许，肘与肩平，虎口朝肩，拳心朝前。

数四十九字，每数一字，肘尖想往后用力，拳加一紧。（图3–6）

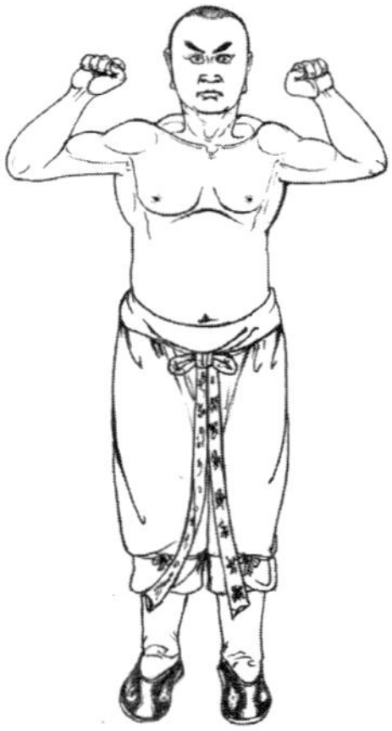

图3–6

7. 第七势

【练法】

接前势。

数四十九字毕，全身往后一仰，以脚尖离地之意，趁势一仰将两臂横伸，直与肩平，虎口朝上。

数四十九字，每数一字，想两拳往上、往后用力，胸向前合，拳加一紧。（图3–7）

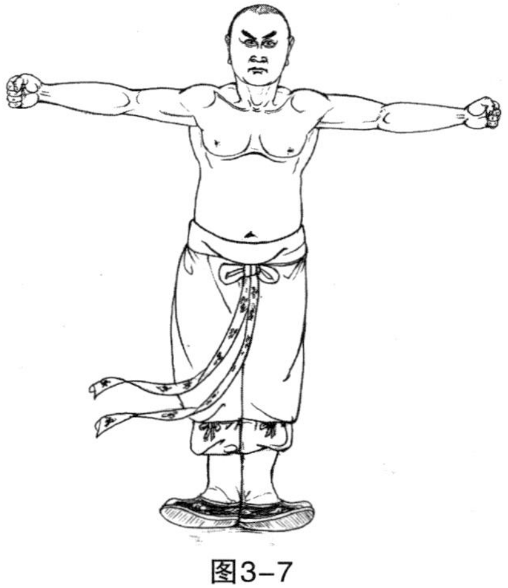

图3–7

8. 第八势

【练法】

接前势。

数四十九字毕，将两臂平转向前。与第四势同，但此两拳略近些。

数四十九字，每数一字，拳加一紧。（图3–8）

图3–8

9. 第九势

【练法】

接前势。

数四十九字毕，将两拳收回，向胸前、两乳之上一抬，即翻拳向前上起对鼻尖，拳背食指节尖即离鼻尖一二分，头微仰。

数四十九字，每数一字，拳加一紧。（图3–9）

图3–9

10. 第十势

【练法】

接前势。

数四十九字毕，将两拳离开，肘与肩平，两前臂直竖起，拳心向前，虎口遥对两耳。

数四十九字，每数一字，拳加一紧，想往上举，肘尖想往后用力。（图3–10）

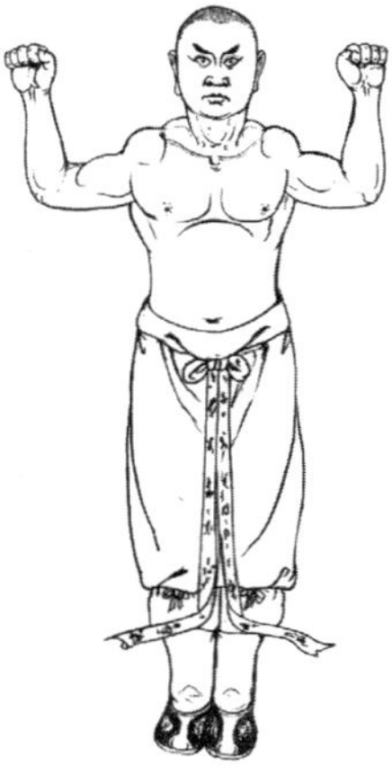

图3–10

11. 尾一势

【练法】

接前势。

数四十九字毕，将两拳翻转向下至脐，将两食指之大节与脐相离一二分。

数四十九字，每数一字，拳加一紧。（图3-11）

数毕，吞气一口，随津以意送至丹田。如此吞送气三口。

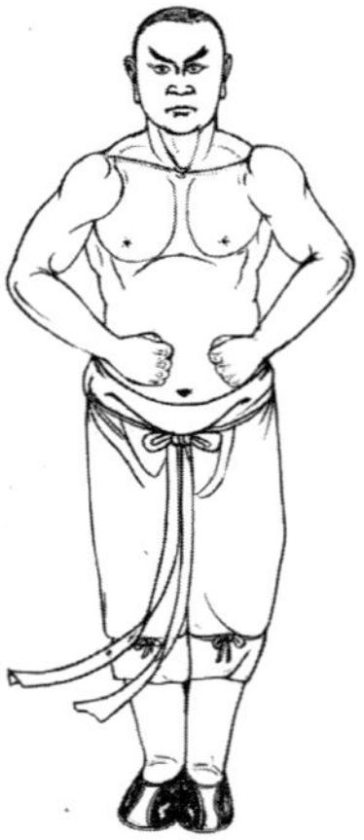

图3-11

12. 尾二势

【练法】

吞气三口毕，不用数字，将两拳松开，两手垂下，直与身齐，手心向前，往上端与肩平；脚跟微起，以助手上端之力。如此三端，俱与平端垂物之用力相同。（图3–12）

再将两手叠作拳，举起过头，同用力捽下，三举三捽。

图3–12

再将左右足一蹬，先左后右，各三蹬。毕，养气片时。

如接行第二套者，于吞气后接下来，不须平端、捽手、蹬足也。如欲接行第二套，即不用行此前套尾二势头，从前套尾一势、吞气三口送丹田之后，接行第二套第一势便可。

二、西竺达摩易筋经第二套

1. 第一势

【练法】

接头套。

吞气三口毕，将两拳伸开，手心翻转向上，端至乳上寸许，十指尖相离二三寸。

数四十九字，每数一字，想手心翻平，想气贯十指尖。（图3–13）

若行此第二套第一势，须接前套尾一势，吞气三口即接行之，不用行前套尾二势也。

图3–13

2. 第二势

【练法】

接前势。

数四十九字毕，将两手平分开，横如一字与肩平，手掌朝上，胸微向前。

数四十九字，每数一字，手掌、手指想往上、往后用力。（图3–14）

图3–14

3. 第三势

【练法】

接前势。

数四十九字毕，两臂平转向前。

数四十九字，每数一字，想气往十指尖上贯，平掌朝上微端。（图3–15）

图3–15

4. 第四势

【练法】

接前势。

数四十九字毕，将两手为拳撤回，拳心朝上，拳背朝下，两肘夹过身后。

数四十九字，每数一字，拳加一紧，两臂不可贴身，亦不可离远。（图3–16）

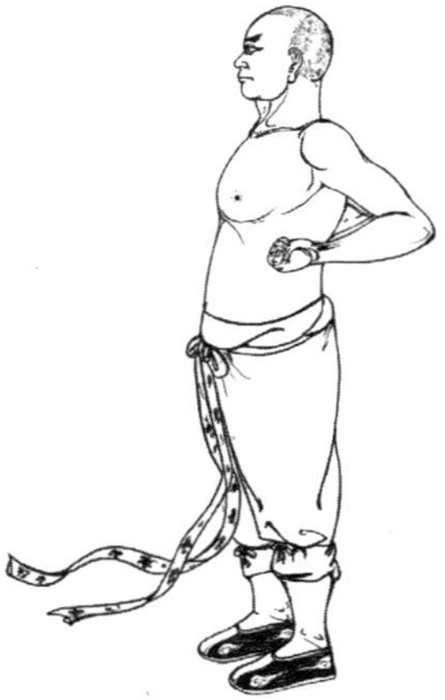

图3–16

5. 第五势

【练法】

接前势。

数四十九字毕，将拳伸开，指尖朝上，掌往前如推物之状，以臂伸将直为度。

每数一字，掌想往前推，指尖想往后用力。数四十九字毕，如前尾势数字、吞气等法行之。（图3–17）

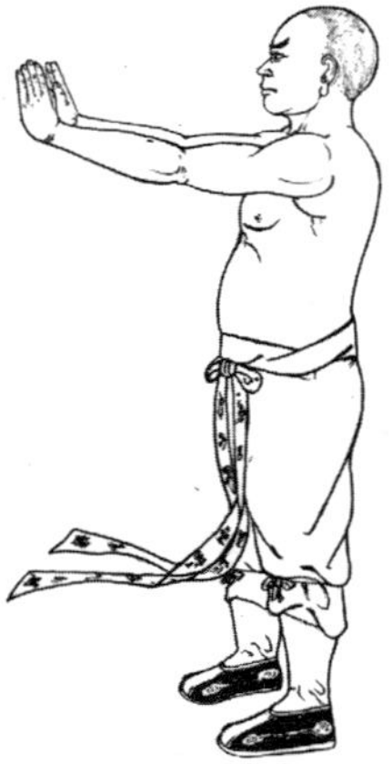

图3–17

此第二套五势行毕，若不歇息，连欲接行第三套，则于此套数字毕，照前套尾一势、吞气三口送入丹田之后，即接行第三套，仍减行前套尾二势可也。

功行至此第二套五势，意欲歇息养神，必须将前套尾一势吞气之法及尾二势诸法全数补行，于此第二套五势之后方能歇息也。

三、西竺达摩易筋经第三套

1. 第一势

【练法】

接前吞气后，将两手心朝下、手背朝上，两手起至胸前、乳上，趁势往下一蹲，脚尖略分开些，脚跟离地二五分，两手尖相离二三寸。

数四十九字，每数一字，两肘尖想往后用力，想气贯至十指尖上。（图3–18）

图3–18

2. 第二势

【练法】

接前势。

数四十九字毕，将身一起，趁势右手在内，左手在外，右手掌向左推，左手掌向右推。

数四十九字，每数一字，右手掌向左用力，指尖往右用力；左手掌向右用力，指尖往左用力。（图3–19）

图3–19

3. 第三势

【练法】

接前势。

数四十九字毕，将两手分开如一字，两臂与肩平，手心朝下，胸微往前。

数四十九字，每数一字，两手想往上、往后用力。（图3-20）

图3-20

4. 第四势

【练法】

接前势。

数四十九字毕，左手及臂在上，右手及臂在下，左手臂朝下，右手臂朝左，两臂皆屈向。

数四十九字，每数一字，想气贯十指尖，两臂不可贴身。（图3–21）

图3–21

5. 第五势

【练法】

接前势。

数四十九字毕，将两臂垂下，手心翻转向后，肘屈，十指尖亦屈。

每数一字，想气贯十指尖。俱照前势，数四十九字毕。（图3–22）

图3–22

每照前尾势，照字吞气、平端、捽手、蹬足毕，静养片时，不可说话、用力。

如要上顶，为者于五十日后，行到第三套一蹲之势，眼往上瞪，牙咬紧，将头左右各三扭，以意贯气至顶上，则为贯顶上矣。

六十日后，以意贯气至下部，则为达下部矣。

第四章

少林四段功

四段功者，七十二艺软硬功夫之基本练习也，与岳武穆八段锦相仿，形如拳术之先习骑马势及潭腿者也。因其练时，兴趣愈增，练习愈勤，而其效亦著，且不占地位，而易淂奇效，其法至簡，而其理至深也。

各种动作，亦缓而用力，勿急进功，勿求速效也。功成后，不特强壮体魄，抑且为习拳练功习技之基础也。

四段功虽短，然练习时，非平心静气、敛力专神不为功。练习时须自然呼吸，不可使气，亦不可屏气。盖使气过度则气竭，屏气过甚则气伤，须平心静气以出之。（图4-1）

图4-1

一、托天提地理三焦

身正立，胸前迭，臀后突，目前视，若含怒容，左右手相组，两臂及两腿竖直，膝盖靠拢，足跟、足尖亦然，或为骑马势。

两臂徐向左右挺直，两掌举起，经过成一圆形，候手举至头顶，十指互叉转，掌心向上，如托千斤重物。手须尽力上仰，两目注视掌背。（图4-2）

图4-2

身体上部徐向前屈，至两掌覆地，愈下愈妙。

身体上部徐向上仰，两臂用力向左右压下，两掌经过仍须成一圆形。

复于正立姿势，唯须慢慢行之。

下俯之前，宜深呼一口。两手托天时，须手指互叉，即效力达于指端，如能提起足跟更妙。两掌覆地时，切忌用力过猛，致损肾部，亦不可中辍，视为畏途。

二、五劳七伤望后瞧

身正立，头徐向右转，目尽力注视后方，试窥左足跟。且转头时，胸前迭，身不动，肩不斜。

头向前转复原。

头徐向左转，目尽力注视后方，试窥右足跟。（图4–3）

头向前转复原，亦须慢慢行之。

图4–3

三、推窗望月去心火

两足左右分开，成骑马势，胸挺出，身不可前倾。两拳握紧，各置腰际，掌心向上。目前视。

左腿下蹲伸开，如铺地锦，左手向左勾搂，右手向右猛推。身随之向右，同时，右腿前屈，目注右掌，作推窗望月状。

右腿下蹲伸开，右手向右勾搂，左手向左猛推。身随之向左，目注左掌。（图4–4）

左足踏进，复原正立姿势。

图4–4

四、抓空打空力不劳

两足左右分开，成骑马势，两拳紧握，各置腰际。

右拳向前猛力击出，拳与肩平，掌眼向上；左拳仍旧。

右手指张开向后捞，如抓物者然，猛力向后收，随即紧握为拳，仍置腰际；同时，左手向前击出，拳眼向上。（图4–5）

图4–5

右拳向前击出；左拳向后抓，随即变拳，收于腰际。

至腿酸力尽为止，左足踏复原。此即俗称“抓空打空”之谓也。

第五章

梁夫人女子八段锦

梁红玉随韩世忠于军次，襄赞戎机，屡建奇功，而金山之役，桴鼓楼船，强敌为歼，尤传为千秋壮谈。时岳飞于操演士卒之暇，即以所创之“八段锦”授部属，命勤习勿懈。岳家八百儿郎，所以获撼山撼岳之誉者，实八段锦之功为多。

时世忠与岳飞交最厚，即求得其法，而传之部属，亦依法勤习之。一日为梁夫人所见，询所由来，并依法演一过，知其法之实有反弱为强之功。复细究其理，其中有数节不合女子者，乃略变其法，而自成一家，以传所部诸女兵。此“梁夫人八段锦”之所由来也。

一、提托循环内郁消

【练法】

1. 立正势

全身直立，两足分开，中间相距约一步之地，双掌直垂股际，头正，目前视。静心调息。（图5-1、图5-2）

图5-1

图5-2

2. 第一势

身直立如上，只用两掌由下用力漫漫泛上，至肩胁相近处，反掌向外，指尖向上，平举去肩三四寸处。（图5–3、图5–4）

图5–3

图5–4

3. 第二势

平举两掌，用力徐徐向下按去，上身随之下俯，唯两膝切不可屈。即将手指徐徐屈转，紧握双拳，如手执蛟龙，唯恐其逝。（图5–5、图5–6）

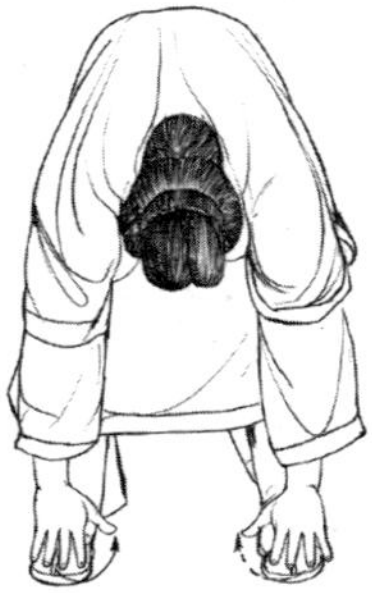

图5–5

图5–6

4. 第三势

抬头起身之际，上身徐徐引直，双手用力缓缓向上提起，提至当胸为度，此时全身直立。（图5–7）

图5–7

5. 第四势

待双拳提至当胸后，略做一顿挫，即拗腕向上为掌，掌心向上，指尖相对，运力于臂，徐徐向上，如托千斤闸，至高过顶门为度。在拗腕向上时，膝亦徐徐下屈，而成为马步。（图5–8）

四势周行后，即复正立身，静心调息少许时，使力足气平，然后续行第二段。（图5–9）

图5–8

图5–9

二、开弓势如射大雕

【练法】

1. 第一势

先两膝屈，上身下沉成马步。同时，左手握拳，紧贴胁际，拳口向上；右手大、中、食三指，紧紧相扣，余二指贴掌心，亦置胁际，距左拳三四寸。（图5-10）

图5-10

图5-4

2. 第二势

左臂蓄力，展肘缓缓向左托出，拳向斜上；右手同时紧扣三指，向后用力徐徐拉引，如抉射形状，屈肘与肩平。左臂斜直；头先向右一旋视，即转左方，目视左拳。（图5-11）

图5-11

图5-12

3. 第三势

与第一势相同，唯左右易位耳。右手握拳，左手扣指，余皆同。（图5-12）

4. 第四势

与第二势相同，唯方位变换，右臂斜直作托弓状，左手扣指作引弦状。余无异。（图5-13）

图5-13

四势周行后，即复正立势。调息少许，更续行第三段。（图5-14）

图5-14

三、欲理脾胃双推手

【练法】

1. 第一势

先沉身屈膝成马步，两掌如第一势置肩胁间。然后同伸向右方，此时右臂伸直，左指尖近右臂弯。更徐徐压下，上身随之下俯移转，在下方划半大环，由左方缓缓收起成复原势。（图5–15 ~ 图5–17）

图5–15

图5–16

图5–17

2. 第二势

待收回原势时，上身即向左徐徐扭转，右足后挺，左足前屈，略如弓步。同时，双掌用力，缓缓向斜上方推去，至两臂斜直为度。（图5–18）

图5–18

3. 第三势

与第一势相同，但双手伸向左方，由左下压划半环，至右收起。其余动作皆同。（图5–19 ~ 图5–21）

图5–19

图5–20

图5–21

4. 第四势

与第二势同，但收回双掌后，身向右旋，右足前屈，左足后挺，双掌向右斜上双推。（图5–22、图5–23）

略调息少许时，续行第四段。

图5–22

图5–23

四、劳伤转体拳上举

【练法】

1. 第一势

先沉身屈膝做马步，两掌交叉胸际，作十字形，左外右内，掌心皆向外。（图5–24）

图5–24

2. 第二势

以腰为轴，上体向左后徐徐转动，两掌握拳屈臂举于肩上，二目极力向左后瞧。（图5-25）

图5-25

图5-26

3. 第三势

回身还原成第一势。（图5-26）

4. 第四势

身体向右后转，与第二势相同，唯方向不同耳。（图5–27～图5–29）

略调息少许时，续行第五段。

图5–27

图5–28

图5–29

五、攒拳怒目增臂力

【练法】

1. 第一势

两腿下屈成马步；两拳上提至与胸平，拳眼向上，肘臂平肩；头略上昂，两眦须睁至极度，目睛突出前视，如金刚怒目。然后将双拳用十二分力量，运力约四十九次呼吸时，松拳、下眦。（图5–30）

图5–30

2. 第二势

体左转，成左弓步；两拳下垂体侧，目瞪视左前侧。双拳用力攒紧，运力约四十九次呼吸，松拳、下眦。（图5-31）

图5-31

图5-32

3. 第三势

同第一势动作。（图5-32）

4. 第四势

同第二势，唯方向相反耳。（图5-33）

图5-33

六、摆尾摇头心气平

【练法】

1. 第一势

全身直立如起势，两臂由左右徐徐上举至后脑处，十指交叉，紧贴后脑，肘与肩平，略向后倾。（图5-34、图5-35）

图5-34

图5-35

2. 第二势

上身前俯，头与臂平。然后头向左旋，臀向右摆。（图5–36、图5–37）

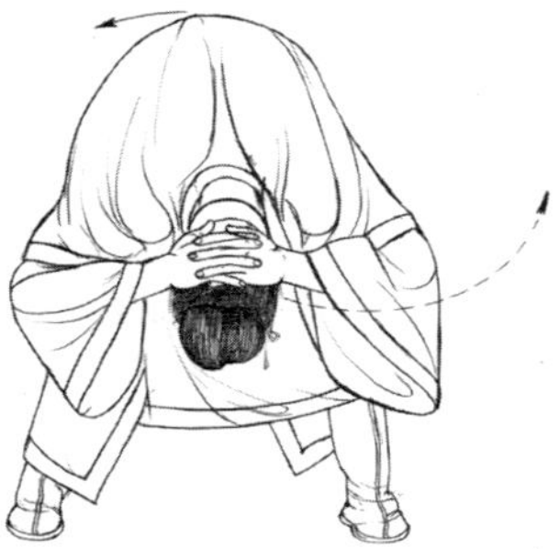

图5–36

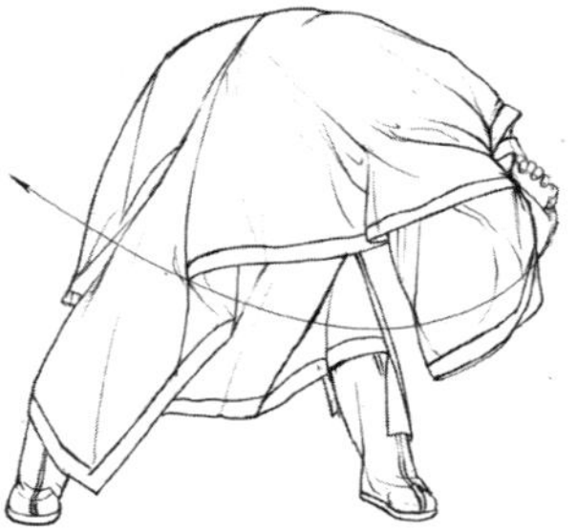

图5–37

3. 第三势

复原位后，便头向右旋，臀向左摆。（图5–38）

如是左右各行十二次，复正立势调息。

图5–38

七、保肾实腰双分腿

【练法】

1. 第一势

先全身立做预备势。左掌从下至齐肩，用力缓缓向内拢按，至前斜为度，同时，右掌泛至胸际，向外用力做侧掌，臂直为度。（图5-39、图5-40）

图5-39

图5-40

2. 第二势

左脚向前方踢起，略作撑腿状。至腿弯挺直时，然后用力缓缓向左分去，齐腰为度，上身略偏于左。（图5-41、图5-42）

图5-41

图5-42

3. 第三势

与第一势同，唯两手之动作，左右互易而已。（图5–43、图5–44）

图5–43

图5–44

4. 第四势

与第二势同，唯右足做分脚，左足直立。（图5-45～图5-48）

图5-45

图5-46

图5-47

图5-48

八、马上七颠保康宁

【练法】

1. 第一势

先沉身屈做马步，两手平举胸前，高与肩齐，掌心向下，头直身正，目前视。（图5-49）

图5-49

2. 第二势

两足尖垫起，足跟离地约二寸，同时，两臂向外平分，至斜后方为度，上身向前倾俯。（图5-50）

图5-50

3. 第三势

两手握拳，缓缓用力（切忌过猛）收至腰际时，向后作拉引状，同时足跟着地，足尖上翘，离地约二寸，上身亦收，肘略向后倾。（图5-51）

图5-51

如此反复行七次，恢复立势。（图5-52、图5-53）

图5-52

图5-53

第六章

坐势十二段锦

“锦”由“金”“帛”组成，锦为丝织品，暗喻此功柔韧、连绵、精美、华贵，故美其名曰“十二段锦”，是我国一种非常古老的养生精功。

本功全为坐势，乃少林经典养生功，练法独特，内外兼修，功效显著。练之可强心安神，培元益气，舒筋活血，防疾祛病。

【总诀】

闭目冥心坐，握固静思神。
叩齿三十六，两手抱昆仑。
左右鸣天鼓，二十四度闻。
微摆撼天柱，赤龙搅水津。
鼓漱三十六，神水满口匀。
一口分三咽，龙行虎自奔。
闭气搓手热，背摩后精门。
尽此一口气，想火烧脐轮。
左右辘轳转，两脚放舒伸。
叉手双虚托，低头攀足频。
以候神水至，再漱再吞津。
如此三度毕，神水九次吞。
咽下汩汩响，百脉自调匀。
想发火烧身，造化合乾坤。
子后午前作，邪魔不能近。
循环次第转，万病化为尘。

一、握固静思神

【歌诀】

闭目冥心坐，握固静思神。
调息守丹田，虚空净六根。

【练法】

盘膝而坐，紧闭两目，冥亡心中杂念。凡坐要竖起脊梁，腰不可软弱，身不可倚靠。（图6-1）

图6-1

握固者，握手牢固，可以闭关却邪也。静思者，静息思虑，而存神也。（图6-2）

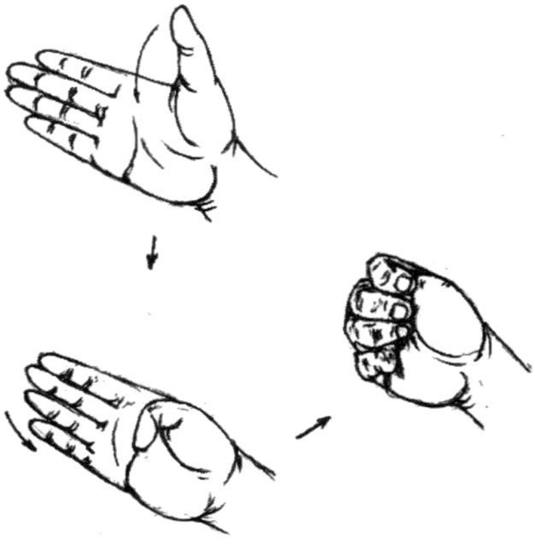

图6-2

二、叩齿抱昆仑

【歌诀】

叩齿三十六，两手抱昆仑。
劳宫掩耳门，鼻息九次匀。

【练法】

上下牙齿相叩作响，宜三十六声。叩齿以集身内之神，使不散也。（图6–3）

昆仑即头，以两手十指相叉，抱住后颈，即用两手掌紧掩耳门，暗记鼻息九次，微微呼吸，不宜有声。（图6–4）

图6–3

图6–4

图6–4附图

三、左右鸣天鼓

【歌诀】

左右鸣天鼓，二十四度闻。
法毕手握固，聪耳亦安神。

【练法】

计算鼻息出入，各九次毕，即放所叉之手，移两手掌擦耳。（图6–5）

图6–5

以第二指叠在中指上，用力放下第二指重弹脑后，要如击鼓之声，左右各二十四度。两手同弹共四十八声，仍放手握固。（图6–6、图6–7）

图6–6

图6–7

四、微摆撼天柱

【歌诀】

两手相握紧，微摆撼天柱。
摆动须灵活，如安有滚珠。

【练法】

天柱即后颈。低头扭颈，向左右侧视。（图6-8～图6-10）

图6-8

图6-9

图6-10

肩亦随之左右招摆。（图6–11 ~ 图6–13）
各二十四次。

图6–11

图6–12

图6–13

五、搅海漱咽津

【歌诀】

赤龙搅水津，鼓漱三十六。
神水满口匀，一口分三咽。
龙行虎自奔，以意送脐轮。

【练法】

赤龙即舌，以舌顶上腭，又搅满口内上下两旁，使水津自生，鼓漱于口中三十六次。（图6–14）

神水即津液，分作三次，要汩汩有声，吞下。心暗想、目暗看，所吞津液，直送至脐下丹田。（图6–15）

龙即津，虎即气，津下去，气自随之。

图6–14

图6–15

六、闭气摩精门

【歌诀】

闭气手搓热，背摩后精门。
三阳经脉行，肾充返童贞。

【练法】

以鼻吸气，闭之。用两掌相握擦极热，急分两手摩后腰上两边，一面徐徐放气从鼻出。精门，即后腰两边软处，以两手摩二十六遍，仍收手握固。（图6-16～图6-18）

图6-16

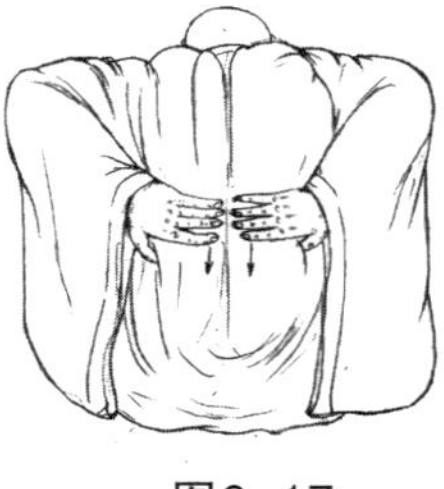
图6-17

图6-18

七、想火烧脐轮

【歌诀】

尽此一口气，想火烧脐轮。
意想体氤氲，呼吸自调匀。

【练法】

闭口鼻之气，以心暗想运心头之火下烧丹田，觉似有热，仍放气从鼻出。脐轮即丹田。（图6-19）

图6-19

八、左右辘轳转

【歌诀】

左右辘轳转，分为单双关。
屈臂如绞车，经络气血宽。

【练法】

屈弯两手，先以左手连肩圆转三十六次，如绞车一般。右手亦如之。此为单转辘轳法。（图6-20～图6-25）

图6-20

图6-21

图6-22

图6-23

图6-24

图6-25

两肩同动，为双转辘轳法。（图6-26～图6-28）

图6-26

图6-27

图6-28

九、叉手双虚托

【歌诀】

两脚放舒伸，叉手双虚托。
一托一按顶，九次三焦络。

【练法】

放所盘两脚，平伸向前，两手指相叉，反掌向上。先按所叉之手于头顶，作力上托，要如重石在手托上，腰身俱着力上耸。手托上一次又放下，按手头顶，又托上，共九次。（图6-29～图6-33）

图6-29

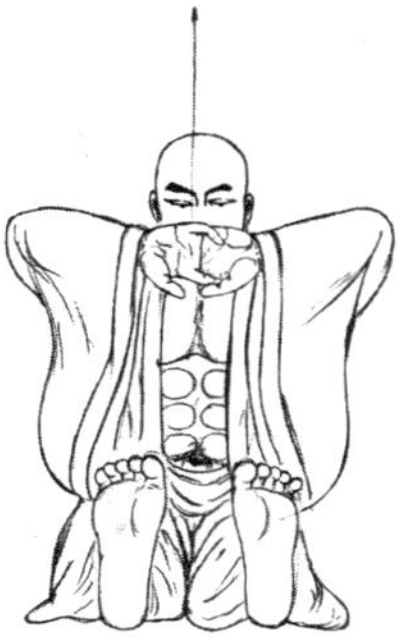
图6-30

图6-31

图6-32

图6-33

十、低头攀足频

【歌诀】

低头攀足频，屈伸专致柔。
起伏固肾腰，返老还童求。

【练法】

以两手向所伸两脚底作力扳之，头低如礼拜状十二次，仍收足盘坐，收手握固。（图6-34～图6-36）

图6-34

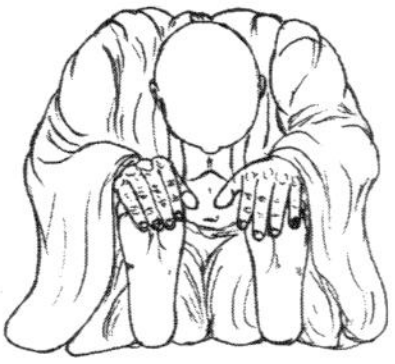

图6-35

图6-36

十一、神水九次吞

【歌诀】

以候神水至，再漱再吞咽。
如此三度毕，神水九次吞。
咽下汩汩响，百脉自调匀。

【练法】

再用舌搅口内，以候神水满口，再鼓漱三十六，连前一度，此再两度，共三度毕。前一度作三次吞，此两度作六次吞，共九次吞，如前咽下，要汩汩响声。咽津三度，百脉自周遍调匀。（图6–37）

图6–37

十二、想发火烧身

【歌诀】

想发火烧身，造化合乾坤。
子后午前作，邪魔不能近。
循环次第转，万病化为尘。

【练法】

心想脐下丹田中有热气如火，闭气如忍大便状，将热气运至谷道，即大便处，升上腰间、背脊、后颈、脑后、头顶止。又闭气从额上、两太阳、耳根前、两面颊，降至喉下、心窝、肚脐下丹田止。想是发火烧，通身皆热。（图6-38）

图6-38

第七章

佛家揉腹功

天地本乎阴阳，阴阳主乎动静。人身一阴阳也，阴阳一动静也，动静合宜，气血和畅，百病不生，乃得尽其天年。如为情欲所牵，永违动静，过动伤阴，阳火偏胜；过静伤阳，阴火偏胜；且阴伤而阳无所成，阳亦伤也；阳伤而阴无所生，阴亦伤也。既伤矣，生生变化之机已塞，非用法以导之，则生化之源无由启也。

揉摩操腹，乃佛家秘功，以动化静，以静运动，合乎阴阳，顺乎五行，发其生机，神其变化。故能通和上下，分理阴阳，去旧生新，充实五脏，驱外感之诸邪，消内生之百症。补不足，泻有余，消长之道，妙应无穷，何须借药烧丹，自有却病延年之实效耳。

一、三才安心

【歌诀】

三才安心，天地人和。
揉运心窝，心安神乐。

【练法】

以两手中三指，由心窝向左顺揉、团转二十一次。右逆揉亦团转二十一次。（图7-1）

图7-1

二、游走中原

【歌诀】

任脉一线，古喻中原。
轻揉和顺，祛疾身宽。

【练法】

以两手中三指由心窝顺揉而下，且揉且走，至脐下高骨为度。（图7–2）

图7–2

三、逆运两厢

【歌诀】

肋胁两厢，逆运而上。
平息不和，生机通畅。

【练法】

以两手中三指由高骨处向两边分揉而上，且揉且走，至心窝两手交接处为度。（图7–3）

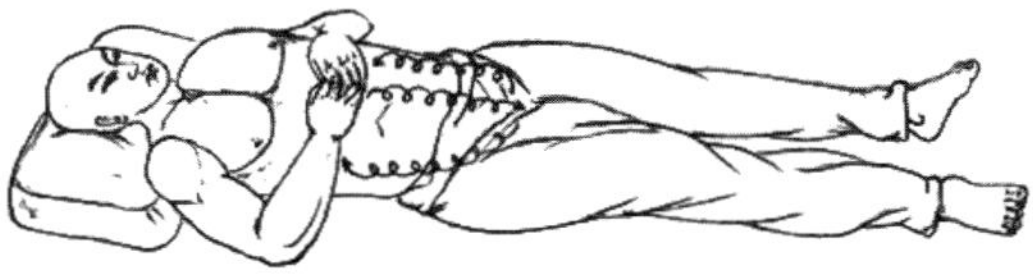

图7–3

四、分走裆心

【歌诀】

裆前胯根，软肋腹筋。
揉有定数，宗筋坚劲。

【练法】

两手中三指按于胯根，且揉且走，分肋而上，合于心窝高骨，往返二十一度。（图7–4）

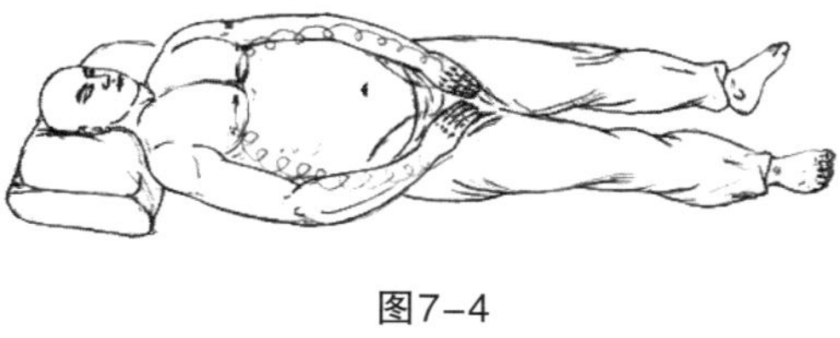

图7–4

五、中原直通

【歌诀】

不需摩转，直通耻骨。
直下直上，二十一度。

【练法】

以两手中三指，由心窝向下直推至高骨二十一次。（图7–5）

图7–5

六、右绕脐轮

【歌诀】

右掌按脐，揉转顺逆。
生命之蒂，激发活力。

【练法】

以右手由左绕摩脐腹二十一次。（图7-6）

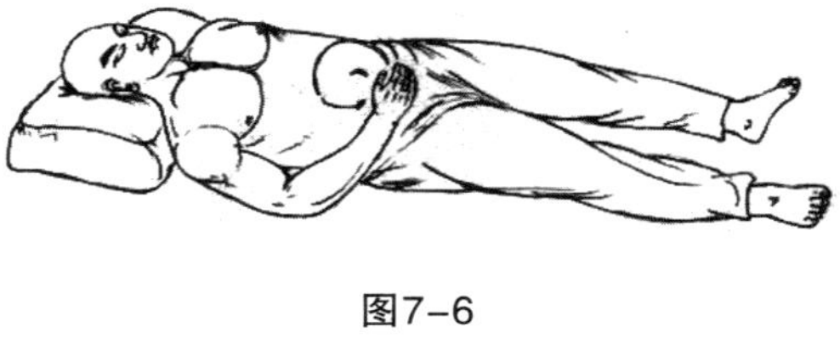

图7-6

七、左绕脐轮

【歌诀】

左手揉摩，右手护气。
中心摩转，二十有一。

【练法】

以左手由右绕摩脐腹二十一次。（图7–7）

图7–7

八、左厢下推

【歌诀】

掌按乳下，沿腹直推。
祛除病邪，肾健脾卫。

【练法】

以右手将右边软肋下腰肾处，大指向前，四指托后，轻捏定；用左手中三指自右乳直推至高骨二十一次。（图7–8）

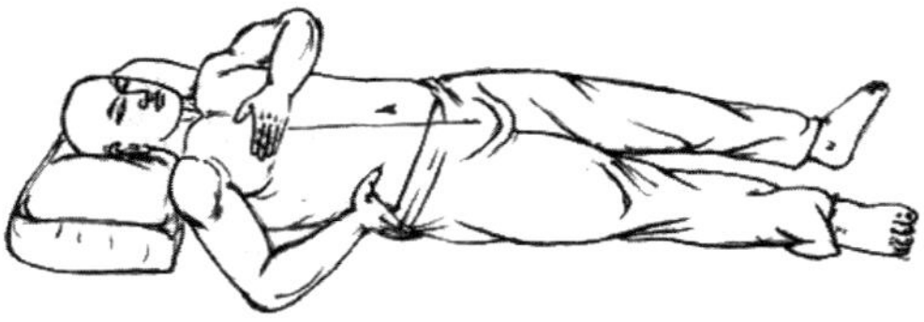

图7–8

九、右厢下推

【歌诀】

左手叉腰，右掌作推。
活跃气机，疏理脾亏。

【练法】

以左手将左边软肋下腰肾处，大指向前，四指托后，轻捏定；用右手中三指自左乳直推至高骨二十一次。（图7–9）

图7–9

十、胁肋两边

【歌诀】

胁肋素软，揉护肝胆。
畅通生机，运行摩转。

【练法】

两手中三指，分按腹角软肋，且揉且移，至腋而下，往返二十一度。（图7–10）

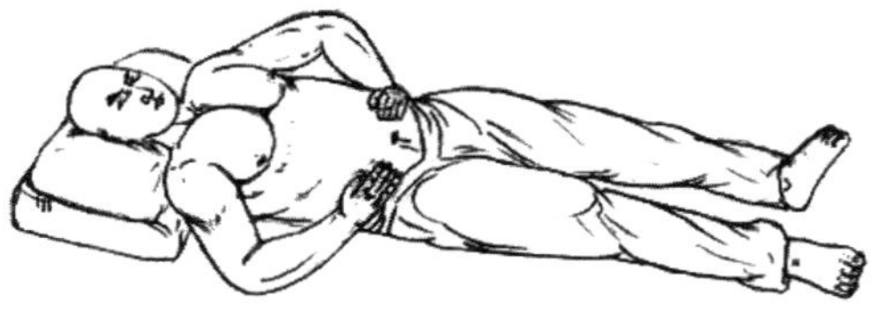

图7–10

十一、 胸行周遍

【歌诀】

胸廂上焦，内藏五脏。
肝心脾肺，气血壮旺。

【练法】

两手中三指互贴压胸，作旋而揉，顺逆各二十一周。（图7–11）

图7–11

十二、盘膝摇身

【歌诀】

盘膝生根，腰为轴心。
上身摇转，休使着力。
不急不躁，功到自成。
气血和畅，驱邪扶正。

【练法】

揉摩毕，遂趺坐，两手蜷曲，分按两膝上，两足十趾亦稍钩曲。将胸自左转前、由右归后，摇转二十一次。毕，又照前，自右摇转二十一次。

前法，如摇身向左，即将胸肩摇出左膝；前向，即摇伏膝上；向右，即摇出右膝；向后，即弓腰后撤。总以摇转自适为妙，不可急摇，休着意用力。

【要则】

揉腹时，须凝神净虑，于矮枕平席，正身仰卧，齐足屈趾，轻揉缓动。无论男、妇皆宜，唯孕者忌之。

第八章

内功打坐法

打坐一事，无论道家、释家，皆视为极重要之法则。在道家为内观，练胎息长生之道；在释家为禅定，修明心见性之功，虽志趣之不同，实异源而同果。

一、内功与打坐之关系

打坐者，实从静中以求自然之机者也。儒家亦曾云：静而后能定，定而后能安。此可见静之一字，其功之妙矣。练习内功之人，本与外功相反，外功皆从动字上做功夫，内功自当从静字上悟妙旨，此所谓以柔克刚、以静制动者是也。

夫吾人生于今世，事物纷繁，情感杂沓，声色攻于外，憎爱萦于中，自然之机渐被蒙蔽，而至于消灭。在此时而欲其摒七情、远六欲，举一切贪嗔痴爱之事而绝之，返本还原，使四大皆空、三相并忘、六根清净，此非难而又难之事乎？若非苦行修持，曷克臻此。打坐者，即忘机之妙法也，故道家、释家皆重视之，而练习内功者，尤当于此入手。

内功之主要关键，固在于凝神、敛气、固精三事。若心如明镜，一尘不染，一念不生，一念不灭，则神自凝、气自敛、精自固。若心中杂念纷投，憎爱起灭，则神耗、气散、精败矣。于此而欲收摄，非借力于坐忘，不可得也。且内功者，固以柔制刚之法也。以安详之态度而克敌人之暴动，是欲得其安，必先能定；欲得其定，必先能静；欲得其静，更非坐忘不为功。由此观之，则打坐一法在内功中，所占地位之重要，固不待智者而知之矣。

唯吾人处身尘俗，欲其忘怀一切，本非易易，故在入手打坐之初，其意念必不能立刻即达静止之境，犹不免有纷扰之虞，然必设法以驱除妄念，使心境明澈，达于止境而后可。其法为何，即自观而已。

昔人谓打坐之人，必具三观，三观者，即眼观鼻、鼻观口、口观心是也。在打坐之时，必集吾人之意于此三观，然后杂念可渐远矣。或谓不必定念三观，即默念阿弥陀佛，数一二三四等，皆无不可。盖所以要如此之故，欲其意志专一，不生杂念也。非必一定三观，或三观于此，具何法力也，此不过初入手时之一种方法。及至心意渐坚，杂念自然远去，而达于自然之境。

功夫既深之后，非但杂念无由而生，即我自己之躯体，亦置之意外，而至物我俱忘之境，则静止极矣。功行至此，则利欲不足以动其心，荣辱不足以扰其志，心地明澈，泰然自适矣。

故练习内功者，必先从坐忘入手，尽求其静，复于静中求动，是为真动。强身健魄，行气如虹，纵不能白日飞升，亦无殊陆地神仙矣。

二、打坐之法则

打坐一事，以静为贵。

能辟静室，设禅床最佳。禅床之形式，略如一极大之方凳，约二尺半见方，皆以木板制成，务须坚固。如无余屋为静室，即于卧榻上行之，亦无不可，唯以板铺为佳。以棕藤等垫，皆有弹力，坐时不免歪斜倾倒之病，故宜用木板。

坐有单盘、双盘之分。

单盘者，即以一腿盘于下，而另一腿盘置其上，法较简单易行。（图8-1）

图8-1

双盘者，即依单盘之势，将盘于下面之脚扳起，置于上面膝头之上，使两足之心，皆向上面，而两腿则交叉绾成一结，此则较单盘为难。佛家坐禅，皆用双盘之法，全身筋络，得以紧张，身体容易正直，而收效宏也。（图8-2）

图8-2

手之位置亦有两种。

以左拇指轻捏中指，而右拇指插入左虎口内，以右拇指、食指轻捏左无名指根者，称为“太极图”。（图8-3）

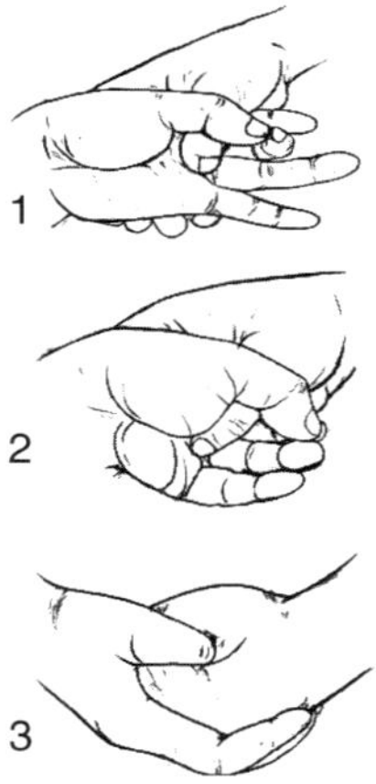

图8-3

而两掌皆仰，重迭而置者，则为“三昧印”。（图8-4）

图8-4

此外，坐法犹有所谓五心朝天者，实系道门中之坐法，而观音坐、金刚坐等法，则为禅门中之别法。随人之性情而变，爱何种坐法，即坐何势，固不可拘泥于定势也。唯终以双盘坐法为正宗。

坐时勿着相，勿管呼吸，一任其自然。脊柱宜正，口宜闭，牙关亦咬，舌宜抵住上腭，两手轻握置于丹田之下。

凝神趺坐，先自口中吐浊气一口，再自鼻中吸入清气，以补丹田呼出之气。呼时稍快，吸时稍慢，呼须呼尽。如此三呼三吸之后，内腑之浊气，完全吐出净尽，然后再正式行功。

坐时宜清神寡欲，收敛身心。在初入手时，必有杂念萦心，而欲祛除，则宜念佛号，如“南无阿弥陀佛”，或数数字，以自镇定其神意。久后功夫既深，则心境自然明澈，不复须如此矣。

坐时有数要，不可不知。

一为存想，即存欲静坐之念，而冥心屏息也。

二为盘足，即依坐法，盘足趺坐也。

三为交手，即两手交置，护于丹田也。

四为搭桥，即以舌抵腭，使之生津也。

五为垂帘，即下覆其睫，稍留缝隙也。

六为守丹田，即意存于丹田，而不即不离也。

七为调息，即调和其气息，使之绵绵不绝也。

知此七要，而打坐之法尽矣。

每日于早、晚各坐片时，时不在乎过久，缓缓垫加，易收实效。早起因晚间静定，是为静中之动；晚间行功，因白日劳动而习定静，是为动中求静。如此操持，是为动静有常，阴阳相生。

坐之时间，以一炊时起手，以后逐渐增加，直至半个时辰以上为止。能坐至如此长久，则心境澄澈，一切杂念无由而生，一切邪魔无由而入，则明心见性，可归正觉矣。

第九章

少林意气功

昔者宋岳武穆，幼年在汤阴大佛寺读书，体弱多病，方丈慈慧禅师授予此术，体健病消，后世因以流传。故斯术诚能终身行之，气调血养，百病消祛，自必益寿延年也。

一、修养体健之发端

凡男女老幼，罹病之原，皆由人身之六十四要穴气郁血滞，潜伏于经络之间，日积月累，人之不察，及一旦病起，轻则诊治可愈，重则非药石所能到达。若治以天道左旋运行气血之意气功，每日诚心严整，早晚按时修习，或只清晨一次，使全体经络得以疏舒，百日而效见。

二、练习意气之课程

练习者应每日晨起，暂不梳洗，先以淡盐汤漱口，除去口中浊气，然后端坐矮椅，不必矜持作态，应取自然姿势。

上身及大腿、小腿三部皆宜平直，两足趾部稍向内；闭目凝神，两手交叉，以抵气海；合口，以鼻呼、吸各三次。（图9–1）

图9–1

闭目平视，舌尖微抵上腭，壹志凝神，力抑杂念；凭空设一意想，要把我周身之气，围聚心上，结成一球。

复想此球：（1）由心起点；（2）上行至咽喉；（3）行至上腭；（4）行至人

中；（5）行至鼻准；（6）行至天庭；（7）行至脑顶；（8）转行至脑后；（9）徐徐下行至脊梁骨；（10）行至腰腧；（11）下行至尾闾；（12）前行至肾根；（13）左行至左大腿外踝；（14）下行至左小腿外踝；（15）行至左足背；（16）行至左足大趾；（17）行至左足二趾；（18）行至左足三趾；（19）行至左足四趾；（20）行至左足五趾；（21）行至左足心；（22）上行至左小腿里踝；（23）行至左大腿里踝；（24）上行至关元；（25）右行至右大腿外踝；（26）下行至右小腿外踝；（27）行至右足背；（28）行至右足大趾；（29）行至右足二趾；（30）行至右足三趾；（31）行至右足四趾；（32）行至右足五趾；（33）折至右足心；（34）上行至右小腿里踝；（35）行至右大腿里踝；（36）上行至气海；（37）行至左乳；（38）左行至左肩膀外侧；（39）下行至左手腕外侧；（40）行至左手背；（41）行至左手大指；（42）行至左手二指；（43）行至左手三指；（44）行至左手四指；（45）行至左手五指；（46）行至左手心；（47）上行至左手腕里侧；（48）行至左肩膀里侧；（49）行至脘中；（50）行至右乳；（51）右行至右肩膀外侧；（52）行至右手腕外侧；（53）行至右手背；（54）行至右手大指；（55）行至右手二指；（56）行至右手三指；（57）行至右手四指；（58）行至右手五指；（59）行至右手心；（60）上行至右手腕里侧；（61）行至右肩膀里侧；（62）行至廉泉；（63）行至承浆；（64）行至舌心，顺行回至心部。

此时，口中津液已满，切勿咽下，将舌放平，叩齿三十六响。津液因叩成沫，一气咽下。再合口，以鼻呼、吸各三次。

稍定，起立，双手下垂，向前徐行七步为一次，往来七次。功毕。

夫所谓聚气结球，行至某处者，全属以意设想，亦同修道家炼气成丹之要法也。

三、预消疾病之功效

在昔日修道养生，大抵托言神秘，莫可究诘，不曰某祖所创，即曰某祖所传，设坛授受，必先恭行洗礼，列入弟子，甚至宣誓谨守秘密，而一般怀疑之士，不免为之逡巡却顾也。唯兹所载之意气功，悉去神秘之说，专示其实际。

所谓假想、意想，全属心理作用。精神所到，仿佛有一线精气，随心所想而运行，其经过之六十四部，又为全身之要穴，皆关系各病所自发。吾人若日日利用，其心理作用，精神贯注，遍及各穴，气血通畅，疾病即消于未发之先也。

兹将意气所运行各部之穴及关系疾病，分别缕述如下：

1. 心

心乃一身主宰，生死路头，关系半身不遂、心气恍惚、狂走健忘、咳吐血、语泣悲，儿心气不足、数岁不语等症。

心生则种种欲生，心静则种种欲静，故人常宜静坐燕居，调心息气，两目垂帘，返光内照，降心火于丹田，使神气相抱也。

2. 咽喉

内喉即喉咙。关系喉痹干燥、咽喉肿痛、喉喘不能言、水粒不下等症。

3. 上腭

口中上腭中间为龈交穴。关系鼻中蚀疮、面赤心烦、牙痏肿痛、寒暑瘟疫等症。

4. 人中

人中为水沟穴。关系消渴、饮水无度、水气遍身浮肿、癫痫、哭笑无常等症。

5. 鼻准

鼻柱上端为素髎穴，与鼻经相表里。关系鼻中多涕、生疮、鼻衄等症。

6. 天庭

鼻上发际五分为神庭穴。关系癫狂、目上视不识人、头风目眩、鼻出清涕、惊悸等症。

7. 脑顶

顶中为百会穴。关系中风口噤、心神恍惚、疯癫、言语不择、头痛目眩等症。

8. 脑后

脑后发际一寸为风府穴。关系中风、身重、项不得转、咽喉疼痛、伤寒等症。

9. 脊梁骨

脊骨第一节为大椎穴。以下关系肺胀胁满、呕吐上气、五痨七伤、结胸等症。

10. 腰腧

左右腰间为腰腧穴，二十一椎下宛宛中。关系腰胯疼痛、不得俯仰、妇人月经不调等症。

11. 尾闾

脊骶骨端为长强穴。关系肠风痔瘘、腰脊疼痛、大小便秘、头重洞泄等症。

12. 肾根

囊底两阴之间为会阴穴。关系谷道瘙痒、久痔相通、阴症头痛、女子月经失时等症。

13. 左大腿外踝

膝上六寸为伏兔穴。关系风痨痹逆、手足挛缩、膝寒不仁、股内筋络不屈伸等症。

14. 左小腿外踝

膝下三寸为三里穴。关系胃中虚寒、腹中逆气、肠如雷鸣、膝胻酸痛等症。

15. 左足背

足跗上五寸为冲阳穴。关系足跗肿痛、肚腹坚大、不嗜饮食、登高而歌、弃衣而走等症。

16. 左足大趾

足大趾端为大敦穴。关系五淋疝气、小腹疼痛、喜寐以及阴中一切等症。

17. 左足二趾

趾端为历兑、内庭二穴。关系口噤水肿、寒虐好卧、四肢厥逆、肚腹胀满等症。

18. 左足三趾

此趾无穴，故不通经络，以意行气时，也要行到。

19. 左足四趾

趾端为窍阳穴。关系胁痛、咳逆、手足烦热、舌强口干、痈疽头痛等症。

20. 左足五趾

趾端为至阴、通谷二穴。关系目翳鼻塞、转筋寒疟、目眩善惊、伤寒无汗等症。

21. 左足心

足心为涌泉穴。关系左右腿痛、善恐惕惕、咽肿舌干、上气心烦、一切热疾等症。

22. 左小腿里踝

内踝上三寸为三阳交穴。关系脾胃虚弱、心腹胀满、肾肝脾三经发现等症。

23. 左大腿里踝

阴股内、鱼腹上、越筋间，为箕门穴。关系气逆腹胀、小便不通等症。

24. 关元

脐下三寸为关元穴。关系脐下绞痛、遗精白浊、五淋贲豚、积冷虚乏等症。

25. 右大腿外踝

同13。

26. 右小腿外踝

同14。

27. 右足背

同15。

28. 右足大趾

同16。

29. 右足二趾

同17。

30. 右足三趾

同18。

31. 右足四趾

同19。

32. 右足五趾

同20。

33. 右足心

同21。

34. 右小腿里踝

同22。

35. 右大腿里踝

同23。

36. 气海

脐下一寸五分为气海穴，男子生气之海、妇人生育之关。关系气惫、气喘等症。

37. 左乳中

当乳正中为乳中穴。关系乳中结核、乳痈乳疖，以及妇人膈有滞痰、乳汁不通等症。

38. 左膀外侧

肩端上两骨间为肩髃穴。关系筋骨无力、肩臂疼痛、风热隐疹、颜色枯焦等症。

39. 左乳外侧

肘下辅骨屈肘横纹头为曲池穴。关系手臂红肿、邪气伤寒、皮脱作痒、妇人月经不通等症。

40. 左手背

四指本节后陷中为中渚穴。关系热症、头痛、目眩、耳聋、肘臂手指疼痛等症。

41. 左手大指

手指端为少商穴。关系颌肿咽闭、汗出而寒、咳逆痎疟、寒热鼓颔、咽中闭塞、水粒不下等症。

42. 左手二指

指端内侧为商阳穴。关系胸中气满、咳嗽肢肿、口干耳聋、齿痛恶寒等症。

43. 左手三指

指端为中冲穴。关系热病烦闷、汗不得出、身热如火、心痛烦满舌强等症。

44. 左手四指

指端为关冲穴。关系咽闭舌卷、头痛霍乱、胸中气逆、臂肘痛不可举等症。

45. 左手五指

指端为少泽穴。关系诸痉寒热、心烦口干、咳嗽无汗、目生云翳覆瞳子等症。

46. 左手心

掌中心为劳宫穴。关系中风善怒、大小便血、口中腥臭、胸胀胁满、饮食不下等症。

47. 左腕里侧

腕侧上一寸五分，两手交叉食指尽处，为列缺穴。关系四肢痈肿、溺血、遗精等症。

48. 左膀里侧

巨骨下为云门穴。关系胸胁气短、咳逆不息、臂痛不举、瘿气结聚等症。

49. 上脘

一名胃脘穴，脐上五寸。关系水食不化、霍乱吐泻、腹气胀满、心忪惊悸等症。

50. 右乳中

同37。

51. 右膀外侧

同38。

52. 右脘外侧

同39。

53. 右手背

同40。

54. 右手大指

同41。

55. 右手二指

同42。

56. 右手三指

同43。

57. 右手四指

同44。

58. 右手五指

同45。

59. 右手心

同46。

60. 右腕里侧

同47。

61. 右膀里侧

同48。

62. 廉泉

项下结喉中间为廉泉穴，也名舌本穴。关系咳嗽、上气、喘急呕沫、舌根缩急等症。

63. 承浆

唇秣下陷中为承浆穴。关系偏风、口齿疳蚀、暴喑不言、面肿消渴等症。

64. 舌心

舌中心有缝为聚泉穴。关系舌胎舌强、口内生疮、骨槽风、重舌肿胀、热极难言等症。

四、意气功歌诀

1. 运气歌

端坐自然三部平，须知两足相中倾。
闭目双手交叉势，交叉微依气海横。
合口鼻孔三呼吸，闭口舌尖抵腭轻。
周身气想心头集，结合如球向上行。

2. 六要穴诀

心起行喉转肾根，肾根向左绕关元。
关元向右回气海，气海左乳脘中原。
脘中右乳廉泉穴，廉泉回心返本源。

3. 功毕歌

唾满口中先勿咽，舌平叩齿捣成涎。
一气咽下丹田觉，三次呼吸鼻内含。
双足起立双垂手，七步来回七次连。
百日无间能除病，终身有恒享大年。

第十章

分行外功诀

分列各条，随人何处有患，即择何条行之；或预防无患之先者，亦随人择取焉。大抵世人，以经营职业者，既不暇行，倚恃壮盛者，又不肯行，直至体气衰惫，终不及行，为可惜也。（图10-1）

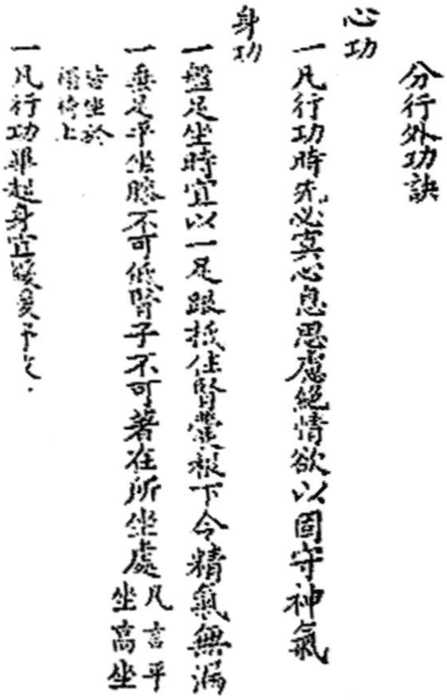
分行外功訣

心功

一凡行功時先必冥心息思慮絕情欲以固守神氣

身功

一盤足坐時宜以一足跟抵住腎囊根下令精氣無漏

一垂足平坐膝不可低腎子不可著在所坐處（凡言平坐高坐皆坐於櫈椅上）

一凡行功畢起身宜緩緩予之

图10-1

一、心功

凡行功时，先必冥心，息思虑，绝情欲，以固守神气。

二、身功

（1）盘脚坐时，宜以一脚跟抵住肾囊根下，令精气无漏。

（2）垂足平坐，膝不可低，肾子不可着在所坐处。凡言平坐、高坐，皆坐于榻椅上。

（3）凡行功毕起身，宜缓缓舒放手脚，不可急起。

（4）凡坐，宜平直其身，竖起脊梁，不可东倚西靠。

三、首功

（1）两手掩耳，即以第二指压中指上，用第二指弹脑后两骨作响声，谓之鸣天鼓。祛风池邪气。

（2）两手扭项，左右反顾，肩膊随转二十四次。除脾胃积邪。

（3）两手相叉抱项后，面仰视，使手与项争力。争力者，手着力向前，项即着力向后。去肩痛、目昏。

四、面功

（1）用两手相摩使热，随向面上高低处揩之，皆要周到。

（2）再以口中津唾于掌中，擦热，揩面多次。

凡用两手摩热时，宜闭口鼻气，摩之能令皱斑不生，颜色光润。

五、耳功

（1）耳宜按抑，左右多数。以两手按两耳轮，一上一下摩擦之，所谓营治城郭，使人听彻。

（2）平坐，伸一脚，屈一脚；横伸两手，直竖两掌，向前若推门状；扭头项，左右各顾七次。除耳鸣。

六、目功

（1）每睡醒且勿开目，用两大指背相合擦热，揩目十四次；仍闭住，暗轮转眼珠，左右七次；紧闭少时，忽大睁开。能保炼神光，永无目疾。

用大指背向掌心擦热亦可。

（2）用大指背曲骨，重按两眉旁小穴二十七遍。又以手摩两目颧上，以及旋转耳，行三十遍。又以手逆乘额，从两眉间始，以入脑后发际中二十七遍。仍须咽液无数。治目耳，能清明。

（3）用手按目之近鼻两眦（即眼角），闭气按之，气通即止。常行之，能洞视。

（4）跪坐，以两手据地（或床），回头用力，视后面五次，谓之虎视。除胸臆风邪，亦去肾邪。

七、口功

（1）凡行功时，必须闭口。

（2）口中焦干，口苦舌涩，咽下无津，或吞唾喉痛，不能进食，乃热也。宜大张口，呵气十数次，鸣天鼓九次，以舌搅口内咽津，复呵复咽，候口中清水生，即热退脏凉。

（3）又或口中津液冷淡无味，心中汪汪，乃冷也。宜吹气温之，候口有味，即冷退脏暖。

（4）每早，口中微微呵出浊气，随以鼻吸清气咽之。

（5）凡睡时宜闭口，使真元不出，邪气不入。

八、舌功

舌抵上腭，津液自生，再搅满口，鼓漱三十六次，作三口吞之，要汩汩有声在喉，谓之漱咽。灌溉五脏，可常行之。

九、齿功

（1）叩齿三十六遍，以集心神。

（2）凡小便时，闭口紧咬牙齿。除齿痛。

十、鼻功

（1）两手大指背擦热，揩鼻三十六次。能润肺。

（2）视鼻端，默数出入息。

（3）每晚覆身卧，暂去枕，从膝弯反竖两脚向上，以鼻吸纳清气四次，又以鼻出气四次，气出极力后，令微气再入鼻中收纳。能除身热、背痛。

十一、手功

（1）两手相叉，虚空托天，按顶二十四次。除胸膈邪。

（2）两手，一直伸向前，一屈回向后，如挽五石弓状。除臂腋邪。

（3）两手相捉为拳，捶臂膊及腰腿；又反手捶背上，各三十六次。去四肢、胸臆邪。

（4）两手握固，屈肘向后，顿掣七次，头随手向左右扭。治身上火丹疙瘩。

（5）两手作拳，用力左右虚筑七次。除心胸风邪。

十二、脚功

（1）正坐，伸脚低头，如礼拜状，以两手用力攀脚心十二次。去心包络邪。

（2）高坐垂脚，将两脚跟相对扭向外，复将两脚尖相对扭向内，各二十四遍。除两脚风邪。

（3）盘坐，以一手捉脚趾，以一手揩脚心涌泉穴（湿风皆从此出），至热止后，以脚趾略动转数次。除湿热，健步。

（4）两手向后据床，跪坐一脚，将一脚用力伸缩，各七次，左右交换。治股膝肿。

（5）徐行，手握固，左脚前踏，左手摆向前，右手摆向后；右脚前踏，手右前左后。除两肩邪。

十三、肩功

（1）两肩连手，左右轮转，各二十四次。先左转，后右转，曰单辘轳；左右同转，曰双辘轳。

（2）调息神思，以左手擦脐十四遍，右手亦然。复以两手如数擦胁，连肩摆摇七次。咽气纳于丹田，握固两手，复屈脚侧卧。能免梦遗。

十四、背功

两手据床，缩身屈背，拱脊向上十三举。除心肝邪。

十五、腹功

（1）两手摩腹，移行百步。除食滞。

（2）闭息，存想丹田火自上而下，遍烧其体。

十六、腰功

（1）两手握固，拄两胁肋，摆摇两肩二十四次。除腰肋痛，并驱风邪。

（2）两手擦热，以鼻吸清气，徐徐从鼻放出，用两热手擦精门（即背下腰软处）。

十七、肾功

（1）用手兜裹外肾两子，一手擦下丹田，左右换手，各八十一遍。诀云：一擦一兜，左右换手；九九之数，其阳不走。

（2）临睡时坐于床，垂脚解衣，闭息，舌抵上腭，提缩谷道，如忍大便状。两手摩擦两肾俞穴，各一百二十次。能生精、固阳，除腰痛，稀小便。

第十一章

少林柔骨功

柔骨功为软功内壮，属内壮之主功，俗所谓拗腰、折腿之功夫也。为学武者必须练习之软功夫，盖可使周身骨节柔软，身体轻灵，免除生硬牵掣之病，亦所以使筋骨利落之法也。（图11-1）

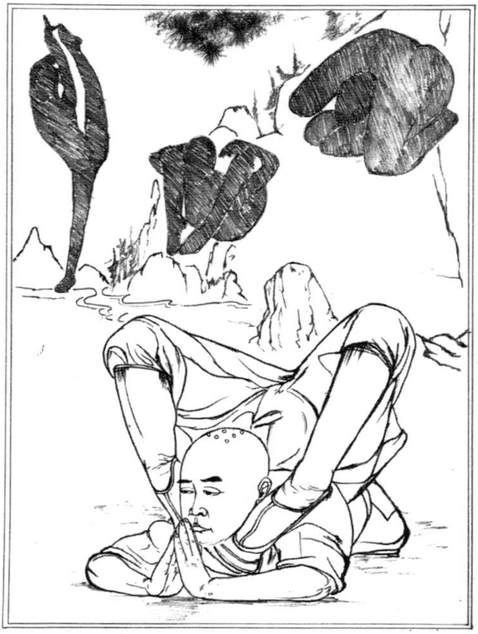

图11-1

一、腿功

最初一步，宜从溜腿下手，故有“打拳不溜腿，一世冒失鬼”之语。所谓溜腿者，即踢单飞是也。

踢时坐腿宜挺，踢腿宜直，务须踢得高，愈高愈妙，故技击家有云：“溜腿高起敏落。”踢过头顶，始为合势。踢时两足互行，每次踢百数十腿。（图11-2 ~ 图11-4）

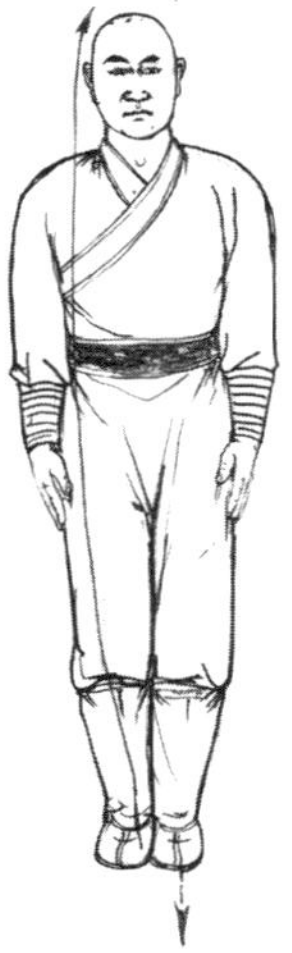

图11-2

图11-3

图11-4

半年之后，进而练习朝天蹬。所谓朝天蹬者，即一足直立，将另一足从前面举起，以手扳之，使腿面紧贴肋际，腿底向天，直竖耳旁。亦须左右行之。（图11-5、图11-6）

图11-5

图11-6

数月之后，更练一字腿，俗谓摔叉。此腿有横、竖二势。

横一字腿，即两腿依原方向左、右躺出，臀坐于地，两腿平贴地面，成一字形，上身挺直。（图11-7、图11-8）

图11-7

图11-8

竖一字腿，即两腿向前后躺出，左前右后，则右腿之面、左腿之肚两部贴地。右前左后，则反是。（图11-9）

以上各势，皆系练习腿部。

图11-9

二、腰功

至于练腰部，则先习狸猫伸腰、霸王举鼎、仙人作揖。

并足正立，两手指交叉，继托于顶门之上。然后，将上身下俯，至手心贴地为止，两腿宜挺直，勿使稍有弯曲，头与肩背部平，约一炊许，舒身休息。（图11-10、图11-11）

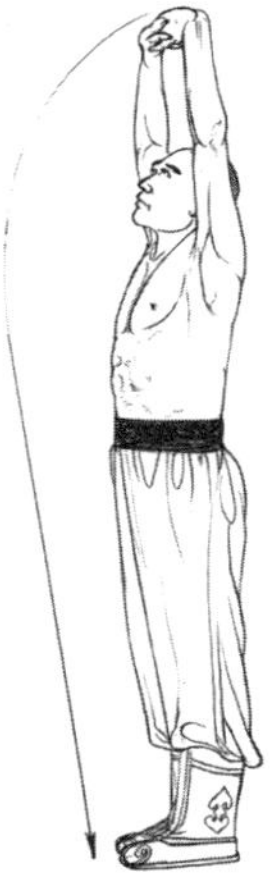

图11-10

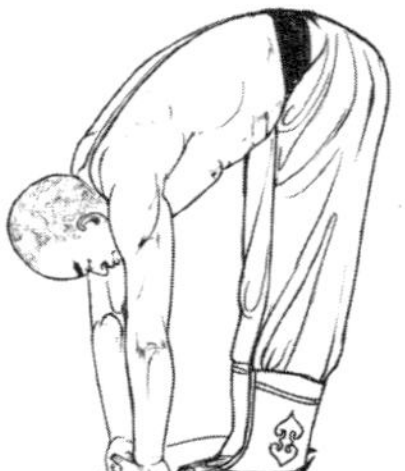

图11-11

此功练有成绩之后，更练翻把，即俗称为拗元宝。

拗腰之法，将身向后翻转，亦以两手贴地，身成桥洞势为止。（图11–12～图11–14）

图11–12

图11–13

图11–14

其次，更练习左右拗折。（图11-15 ~ 图11-18）

图11-15

图11-16

图11-17

图11-18

练成之后，身体可以柔软如绵，腰腿各部，尤灵活异常。偃卧时，可以缩做一团，环成一圈，随意屈伸。盖筋络伸缩之力，较寻常人为大，然后更习拳械，无往不宜矣。

第十二章

吞气养生入门功

吞气最为行功紧要。此载几势，虽是入门，而其法实有裨于养生，行之不辍，即可祛病延年。

行功时不可用力，总要出于自然。若遇疲乏时，一行功，精神即时爽健。

行之空腹，气方流通；饱则气滞，转致有伤。行功无论有病、无病，皆不宜服药，反足滞气，虽风、痨、臌、膈等症，行功之后，无不有效。

行功宜避疾风、暴雨、雷电，皆天地之怒气。又忌污秽不正之气，宜在高爽明净室中，不可当风。行功之初，宜戒酒色，三月后可以不忌；如身体虚弱之人，酒色必须戒绝。

吞气与练气不同，练气不得法，多有痰壅火滞之患；此则至简至易，毫无流弊。

凡吞气，须正立平视，将口张大，自有本身真气在内，微吸吞下，如吃茶之状。初吞无声，久则有声，可以直至丹田，引火归原。张口时不可太小，小则有风吸入，风能伤人。吞气时，头不可仰，仰则火上升；亦不可俯，俯则气下陷。

一、平和架

1. 骑马势（一）

平身正立，两足离开，与两肩一般宽窄；两手掌朝上平摊，与腰相平，不可靠实。（图12-1～图12-3）

图12-1

图12-2

图12-3

2. 骑马势（二）

承上势，两手翻转，手背朝上，仍与腰平。（图12-4）

图12-4

3. 骑马势（三）

承上势，两手从旁平摩，做一圆圈，如摩顶之状。（图12-5～图12-7）

图12-5

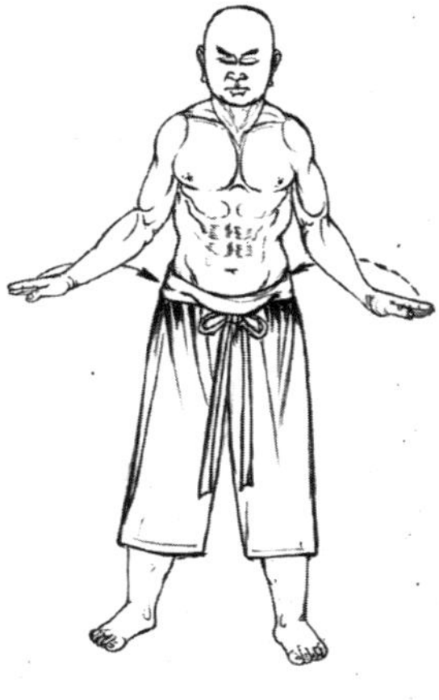

图12-6

图12-7

4. 骑马势（四）

承上势，两手向前伸直，手心向前，十指朝上，高下与乳平，吞气一口，略定片刻，约三呼吸。凡吞气后，目平视。无论上下左右，皆以三呼吸为率。（图12-8、图12-9）

图12-8

图12-9

5. 骑马势（五）

左足横开一步，左膝屈，左脚斜，右腿直，右脚亦直。左手叉在大腿面上，大指向后；右手由耳后绕下，五指捏拢，指尖向后做雕手。（图12-10～图12-14）

图12-10

图12-11

图12-12

图12-13

图12-14

6. 望月势

承上势，举起左手，与目相平，五指虚攥，微仰手心，中空可容茶杯盖。先以目视左手高低，转回正面，吞气一口；复转头，左视左手大指食指之间。（图12–15、图12–16）

图12–15

图12–16

右亦相同。（图12–17 ~ 图12–24）

左右各三次，共吞气六口。

图12–17

图12–18

图12-19

图12-20

图12-21

图12-22

图12-23

图12-24

7. 舒气势（一）

此与骑马第一势相似，但仰掌平摊。（图12-25、图12-26）

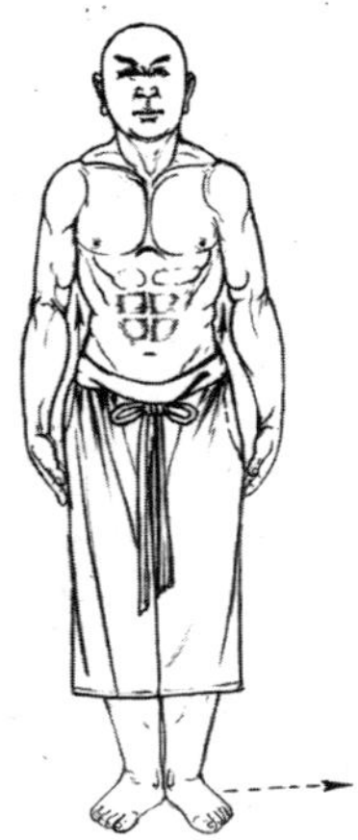

图12-25

图12-26

8. 舒气势（二）

承上势，将两掌反转推直，与骑马第四势相似，不吞气。（图12-27）

图12-27

然后，收势。（图12-28、图12-29）

图12-28

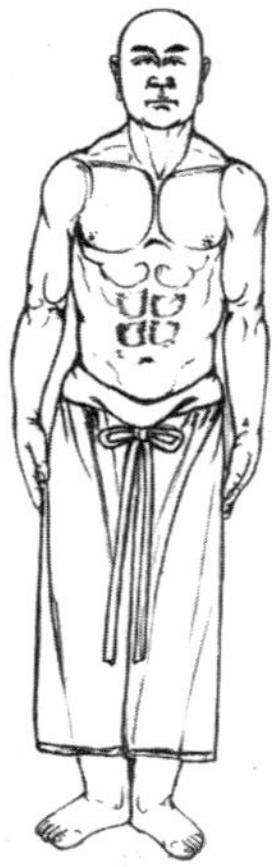

图12-29

二、武功头

1. 一势

左足屈，右足直，左手叉在大腿面上，大指向前，右手由右绕下做雕手，正面吞气一口，转头左视。（图12–30 ~ 图12–34）

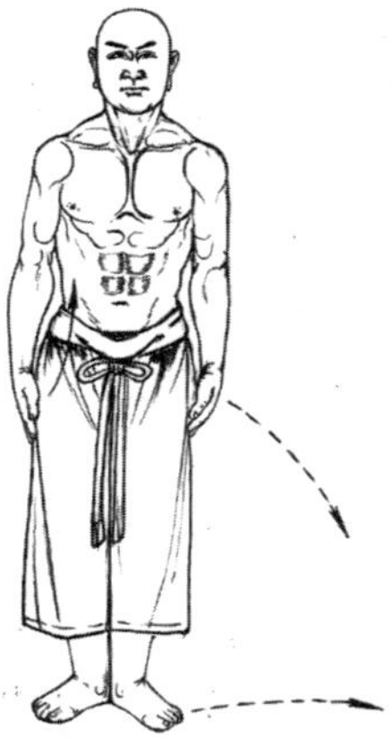

图12–30

图12–31

图12–32

图12–33

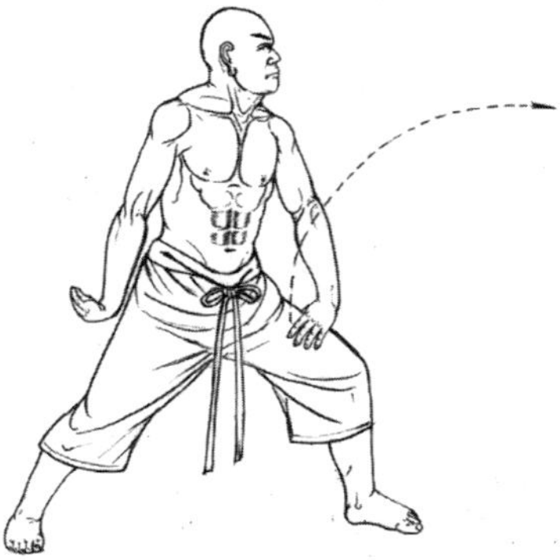

图12–34

2. 二势（一）

承上势，将叉腿之左手向左伸直，手背朝上。（图12-35）

图12-35

3. 二势（二）

承上势，随势将手收回平胸，又伸直又收回，来回两次。（图12-36）

图12-36

4. 二势（三）

承上势，将平胸之手一转，大指在上，四指在下，掌心对胸，吞气一口。（图12–37）

图12–37

5. 二势（四）

承上势，又将手一转，大指在下，中指在上，转头左视。（图12–38）

图12–38

6. 三势（一）

承上势，将对胸之手由耳后仰掌，向左伸出。（图12-39、图12-40）

图12-39

图12-40

7. 三势（二）

承上势，随势由耳后收回，握拳平胸，手背向上，吞气一口，转头左视。（图12-41～图12-43）

图12-41

图12-42

图12-43

右亦相同。（图12-44～图12-56）

图12-44

图12-45

图12-46

图12-47

图12-48

图12-49

图12-50

图12-51

图12-52

图12-53

图12-54

图12-55

图12-56

左右各三次，共吞气十八口。

然后，收势。（图12-57）

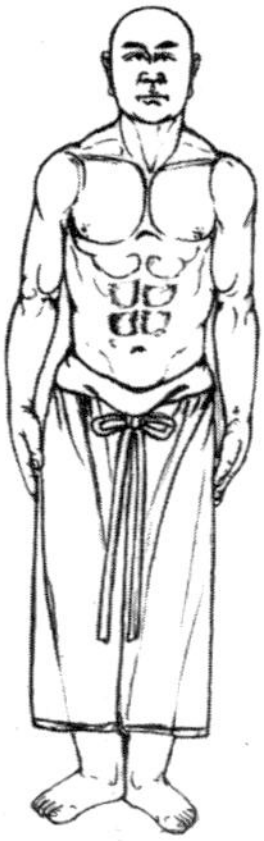
图12-57

三、伏膝势

1. 一势

左足屈，右足直；右手按在左腿上，离膝盖二寸余，左手加在右手上。（图12-58、图12-59）

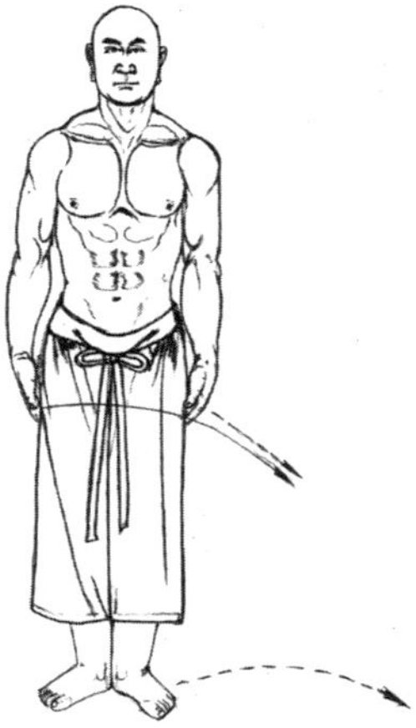
图12-58

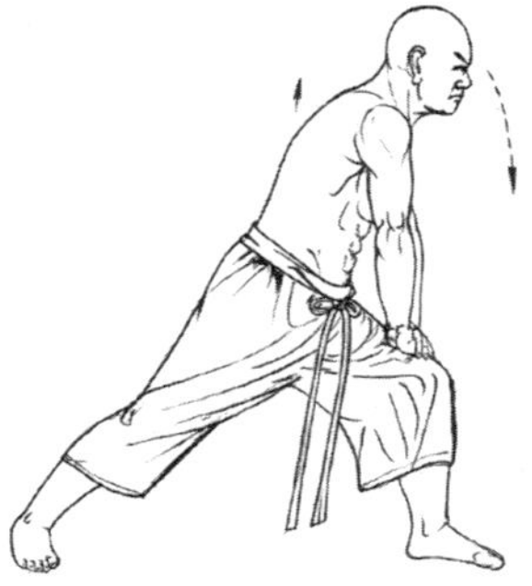
图12-59

2. 二势

身侧而俯，面向左，吞气一口。背拱项直，眼下视足尖前六寸许。（图12-60）

图12-60

右亦相同。（图12-61、图12-62）

图12-61

图12-62

左右各三次，共吞气六口。

然后，收势。（图12-63）

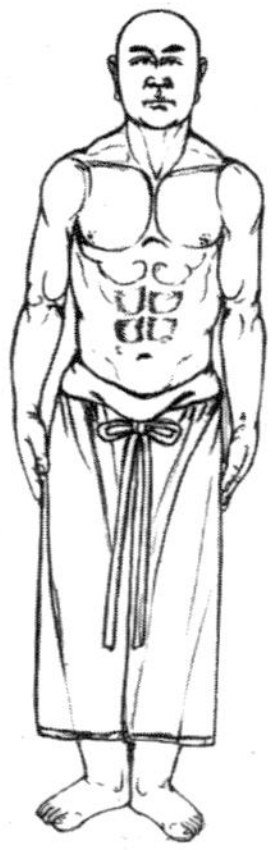

图12-63

四、海底捞月

1. 一势

左手叉在腿上面，右手做雕手。（图12-64、图12-65）

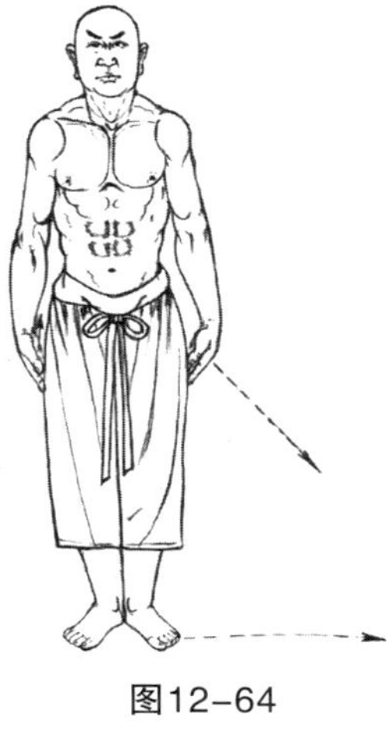

图12-64

图12-65

2. 二势

承上势，左手由耳后一转，仰掌向左伸出。（图12-66、图12-67）

图12-66

图12-67

3. 三势

承上势，将手一转，手背朝上。（图12-68）

图12-68

4. 四势

承上势，作捞月之状，头俯腰屈，自左捞至右，腰身随起。（图12–69、图12–70）

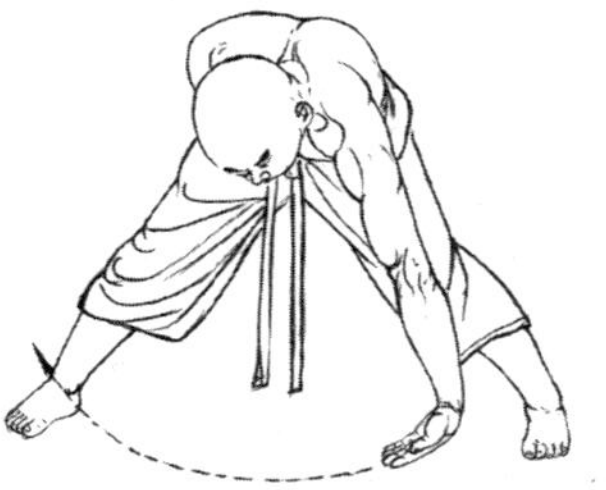

图12–69

图12–70

5. 五势

承上势，捞起仍在左边作望月之势，吞气一口，目视左手大指、食指之间。（图12–71）

图12–71

右亦相同。（图12–72 ~ 图12–77）

图12–72

图12–73

图12–74

图12–75

图12–76

图12–77

左右各三次，共吞气六口。

然后，收势。（图12–78、图12–79）

图12–78

图12–79

五、站消势

1. 窝里炮（一）

左足屈，右足直。左手覆掌平心口，大指在内；右手仰掌平脐，小指在内，指皆开直。（图12-80、图12-81）

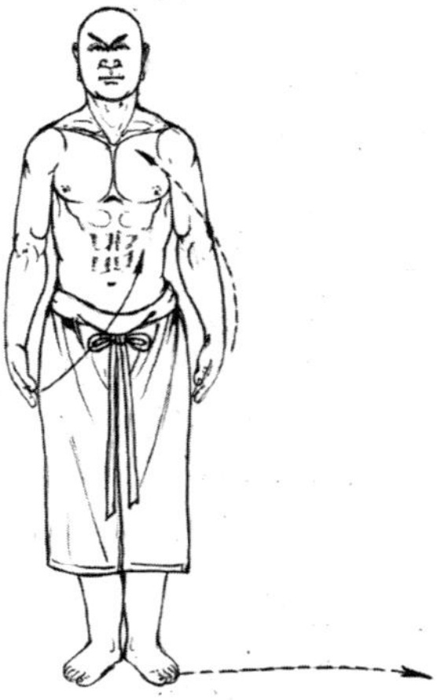
图12-80

图12-81

2. 窝里炮（二）

承上势，两手各顺势横拉握拳，左拳平乳，约离八九寸，大指在内；右拳平肋，约离寸余，大指在外，正面吞气一口，转头左视。（图12–82）

图12–82

3. 冲天炮

承上势，将左拳放开，自下往上一绕，随即握拳，向上竖立，拳与额角相平，正面吞气一口，转头视左手寸口。（图12–83）

图12–83

4. 穿心炮

承上势，左手放开竖掌，由耳后一转，即握拳，向左伸直，手背朝上，正面吞气一口，转头左视。（图12-84、图12-85）

图12-84

图12-85

右亦相同。（图12-86～图12-90）

图12-86

图12-87

图12-88

图12-89

图12-90

左右各三次，共吞气十八口。

然后，收势。（图12-91、图12-92）

图12-91

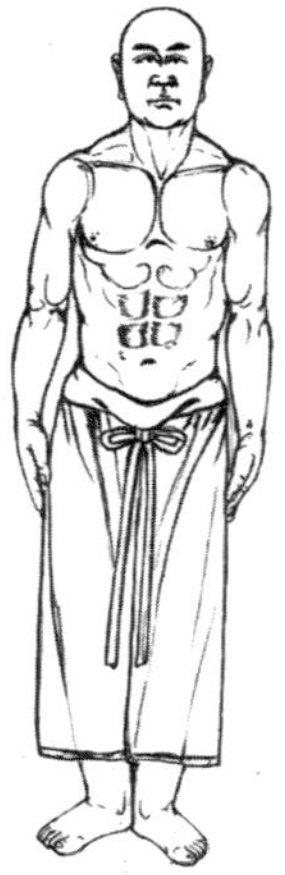

图12-92